新 頑張りまっし

金沢ことば

新 頑張りまっし金沢ことば 目次

※以下の各章は平成6年の北國新聞連載をまとめた『頑張りまっし金沢ことば』(平成7年発行)に加筆したものです。

ルーツを求めて……167

子供の世界……195

語り継ぐ心と文化……263

コラム

金沢ことば　この10年

～新版刊行にあたって

方言は時間とともに変化する生き物である。平成六年に「頑張りまっし金沢ことば」を北國新聞に連載してから十余年が過ぎた。金沢生まれの「生き物」はどう成長したのだろう。方言の十年ひと昔を探ってみた。本書の制作にあたり、新聞連載及び旧版発行でも御指導いただいた加藤和夫金沢大学教育学部教授（当時は助教授）に監修をお願いした。

「えーな」に宿る深遠な世界

「おぎゃー」と泣く赤ちゃんの声は、究極の世界共通語かもしれない。ところが、その国その民族には各々の言葉があって、一年もたたずに乳飲み子たちは母語を身につけ、二年もすれば金沢の子なら「ねえちゃん、だらぶちー」などとちゃんとした？方言をしゃべる。考えてみれば不思議なことである。

「おぎゃー」は言葉ではなくて人間の動物的な発声というべきだろうが、方言にも、言葉なのか単に動物的な発声なのか区別しにくいものがある。金沢ことばで言えば、男性が発する「えーな」。あるいは男女ともに使う「あーん？」というのもその一つである。

例えば、こんな場面。眠いのを無理矢理起こされた学生が寝ぼけ眼《まなこ》で口にする「えーな」。

この場合の「えーな」は「えーいっ、くそっ」と言うのとも少し違う。「ちえっ」と舌打ちするのでもない。「あー、うるさいなー、もっと寝かしてよ」という気分にプラスして「ばかやろう、こんなに眠いのに起こすなよ。腹立たしい」と言う気分を「えーな」の一声で押しとどめている。凶暴になりがちな心をグッと飲み込んでいる、まことにりくつな言葉なのである。

「あーん?」も、金沢でよく聞かれる発声である。よく聞こえなかったからもう一度言って、という標準語「なーに?」に相当する場合は「あーん」と優しく伸ばして発音する。それに対して「なによ、うるさいわね」という意味の時は「あん」と短く、加えて語尾を上げる。この「あん」には「いじっかしいね」や「はがいしいね」などの不機嫌な気分までが、しっかり込められているのである。

立派な「金沢ことば」

「えーな」や「あーん」のような感嘆詞的言葉は、普段の会話時で単語やアクセントに気を付けているつもりでも、言葉として使っている自覚がないから、びっくりしたり腹が立った時には「音」のようについ出てしまうのである。東京や関西で、各地の人と交わった時に使って、言われた相手がきょとんとすると、ハタとその違いに気づき、自分が金沢人であることに気づくのである。「あー」とか「えー」とか、きわめて本能的な発声音に近いこの二つも立派に、金沢の方言に分類される（加藤金沢大教授）が、こういう言葉の言語学的な調査・研究はあまり進んでいない。

日本語方言における「立ち上げ詞」というジャンルを立てて、広島大の江端義夫教授が事務局を務める「方言研究ゼミナール」が研究を始めた。自己の自発的な行動を立ち上げるために、自己に向かって発信する「ちきしょう」「くそっ」「おやおや」など。あるいは他者の発話に呼応して応答の「んだ」「がってんだ」「なあに」などが立ち上げ詞に相当する。方言学の最も新しい研究分野の一つだそうで、同ゼミナールの呼びかけに応じた全国の研究者による日本各地の「立ち上げ詞」の調査が現在進行中だ。個人的にも県立広島大の友定賢治教授が研究している。

「えーな」と「あーん」の本格的な研究が進むことを期待したい。

「かわいー」に敵なし

猫もシャクシも「かわいー」の連発だ。幼稚園児から中年のオバサマまで、女性たちのほめ言葉はこの一つに集約されてしまった。流行言葉という範囲から価値観にまで拡大している。かわいいものはよくて、よく売れ

る。かわいくないものは売れない。昭和の末期に始まった「かわいー現象」は平成に入り加速され、さらに21世紀に入っても勢いはとどまるところを知らず。方言までが「かわいー」に包囲された。

テレビではゲストの女優やタレントが、お国なまりでしゃべるバラエティーが人気だ。方言隠しどころか方言なまりが売り物で、しゃべるたびに「かわいー」。かつてズーズー弁を「幻滅ね」と言っていたファンが、幻滅どころか「かわいいね」「ほのぼのするね」と大受けなのだ。

「メールやおしゃべりに使える、かわいー言葉はない？」。常に新しいアイテムを探す女子高生向けに、平成十七年の夏には『ちかっぱめんこい方言練習帳！』（主婦と生活社）という本まで出された。著者は「かわいい方言で日本を幸せにする会」。本のうたい文句が「いますぐ使えるかわいい方言がいっぱい」というほどの徹底ぶりだ。ちなみに「ちかっぱ」は「とても」の意味の九州の方言。「めんこい」は「かわいい」の意味で東北、北海道で使われる言葉。東西二つの組み合わせは、ほんとにかわいくて、方言の勉強を「やるべ、やるべ」と仲間うちのムードを高めるのにはぴったり。

ちなみに同練習帳にある「ありがとう」編に出てくる金沢（石川・富山）の「きのどくな」の使い方は「相手への感謝を込めて、しみじみと言うべし」と微妙なところまで指導している。マイナスイメージが「かわいい」の一言で大逆転した勢いで、方言が田舎ふうだったり、ダサくても、今度は「ダサかわいい」となるから、もう世の中は分からないのである。

とにもかくにも、このようにテレビに映画に、メールに本に、方言は「頑張って」いるのである。（十年以上も前に「頑張りまっし」で金沢ことばを励ました北國新聞連載は、先見の明があったと言うべきか）。

表現に変化

だが、方言が「かわいく」なったのは、なにもすべて外からの評価が変わったからではないことも忘れてはいけない。この十年で特に目立つのは、年代によって同じ方言でも、表現に変化が現れたことである。方言の人気はこの傾向と軌を一にしているのである。

例えば。金沢の年配者が「行けんがに

メールで活躍する方言

最近の方言ブームは、携帯電話のメールが火付け役、とも言われる。親しい間柄で交わされるメールは、文章が話し言葉に近くなり、必然的に方言交じりとなる。変換に多少手間取っても、方言の方が気持ちを伝えやすいこともあり多用されているようだ。また、女子高生の間では、各地方の言葉を組み合わせて、仲間だけで通じる暗号のように方言が楽しまれている。

こうした流れを受けて、共通語を方言に変換し相手の携帯へ送信するサービス「モブメール」が登場した。静岡在住の男性が個人サイトで運営しており、大阪、名古屋などに混じり、金沢弁が名を連ねている。例えば、「きょうはありがとう」と打ち込み、変換ボタンを押すと「きょうはあんやと」と瞬時に表示される。利用は無料で、金沢弁には一日約 500 件のアクセスがあるという。

なった」と言うところを、若い世代は「行けんくなった」という表現に変えた。同じく「あー、ほんながか」という昔の表現は「あー、そうなんや」となった。「あーそーなんや」という相づちの打ち方は「あ、そうなの」という東京風のことばと金沢弁がミックスされて、かわいく変化したのは言うまでもない。

方言が「汚い」、だから「恥ずかしい」と言われる世界からの脱皮を図る自助努力？の甲斐あって「かわいく」変身できたから人気者となれた今日がある。

あれやこれやで、方言は衰退する！と信じていた一部の人たちの予測は見事に外れたのだった。

素敵な方言バイリンガール

国際化が急激に進行して、二カ国語を自由にしゃべるバイリンガルは珍しくもなくなった。母国語のほかに、育った土地の英語やフランス語、あるいは中国語などを母国語並みに、何の苦労もなく、かつ抵抗もなくしゃべることができる帰国子女が増えたからである。

ところが、わが「金沢ことば」担当者は意外なことを発見した。金沢弁と東京言葉を同じレベルで、しかも抵抗感や恥じらいもなくしゃべることができる「方言バイリンガル」が、本当に少ないという厳粛なる事実である。

小学校高学年のころに金沢から東京に引っ越しても、大半は子ども時代の言葉を忘れてしまう。逆に、中学・高校で東京から金沢に越してきた場合には、まず金沢ことばを使わないままに成長して大人となる。おそらく死ぬまで東京弁をしゃべる「本籍東京」金沢人で終わる。これを「方言不平等の法則」と当編集室では勝手に命名したのであった。

高校や大学の進学で上京して、一カ月ほどで東京弁を完璧に話せると錯覚する偽バイリンガルには「だらくさくなっちゃうよ」。

ところが、これぞ本物という折り紙付きの「金沢弁・東京弁」バイリンガルを発見した。95年ショパンコンクールで5位入賞後に国際的な活躍をしているピアニストの宮谷理香さんである。

宮谷さんは三歳まで金沢で育った。父親の転勤で東京に引っ越したのだが、父も母も生粋の金沢人。祖母も後に合流したから、家の中にはいつも金沢弁が飛び交っていた。

五歳でピアノを始めた理香さんだが、父母にも親戚にも音楽をする人はいなかった。両親はめきめき腕を上げる娘に「りくつな子やねー」と感心し、ほめ続けた。理香さんは、そんなふうにほめられたり、親を驚かすことがうれしくてレッスンに励んだ。もの心ついて幼稚園やピアノ教室で磨きをかけた標準語が、一歩家に入るとがらりと変わる家庭環境にいること三十ン年。東京世田谷の自宅では、今も「おいね」「ほんながや」という金沢弁が宙を舞っている。

祖母の存在

金沢から東京へ引っ越した家族ならば宮谷家以外にもいくらもいるだろうが、宮谷さんが立派な「方言バイリンガル」に育った鍵は、両親に加えて祖母がいたことである。二十代の父母は東京言葉に感化されても、六十歳を超えて東京生活を始めた祖母の言葉は変わることはなかった。若いころの父母は仕事先のことはいざ知らず、家の中では夫婦間とはいえ、金沢弁でしか表せないニュアンスがあることに気づき、金沢弁を愛し続けた。

その微妙な変化を、理香さんの音楽家としての耳はしっかりとらえて離さなかったのである。両親は「耳のよかった子ね」「幼い理香はちゃんと使い分けができたのに」「パパはいつまでたっても金沢弁」と言う。言葉を覚えるスピードは「男より女、大人より子ども」とはよく言われるが、宮谷家の歴史もそれを証明している。

平成十七年五月、金沢市内の小学校を巡ったクラシック学習の総仕上げに、理香さんは石川県立音楽堂で市内の子どもたちや父母を集めた音楽会を開き、子ども時代のピアノ体験を話した。「りくつな子やねーと励まされてね」と語る理香先生の金沢弁まじりの思い出話に、父母たちはしっかりうなずき、笑いも漏れた。が、目の前の美しい東京のお姉さんが、まさか金沢弁ペラペラとは思いもよらぬ金沢っ子たちは、きょとんとしたまま、理香さんの奏でる名曲に魅入られていたのである。

フォッサマグナを探す旅に出た

金沢ことばは西日本系の方言である。西日本の、それも京都を中心とした関西系の言葉であることは多くの学者の指摘する通りである。ならば、その東西の境界線はどこか。

平成十五年十一月、国立国語研究所が富山市で開いた「方言の科学――ことばのくにざかい　富山」と題したフォーラムで、その解答が示された。つまり新潟県糸魚川市と静岡県東部を結ぶフォッサマグナがその境界線であることは明白であり、境界《くにざかい》の西に隣接するのが富山であり北陸の方言というわけだ。

岐阜県の高山で「そうや」と言うのが、アルプスを越えて信州松本に入ったとたんに「そうだ」となるのが端的な例である。

ところが、先のフォーラムでは、同じ富山県内でもいくつもの違いのあることが分かった。例えば黒部など東部では、「雪に足がはまる」の意味で「ごぼる」を使うのに、西部の高岡周辺では使わないことがわかった。だが、「ごぼる」はさらに西の石川県に入ると、金沢ではごく一般的に使われ、さらに南下して、南加賀地方の参加者からは「ごぼる」は使わないとの報告があったのである。会場の論議は混乱した。

方言にまだら現象や飛び地があり、境界線やフォッサマグナ理論が一律に適用できないことが分かったからである。

そこで金沢からの参加者は考えた。金沢ことばのフォッサマグナはどこに走っているのか。

金沢と津幡のお年寄りの言葉は明らかに違う。金沢旧市街地と森本も違う。では金沢中心部と郊外に近い鳴和や小坂地区に違いはあるか。あるいは金沢と小松、金沢と旧松任の違いも明白だが、金沢都心と野々市はどうだろう。どこかに見えない小さなフォッサマグナが走っているはずなのである。

南端は白山市周辺？

加藤和夫金沢大教授の指導で学生たちが、この小さなフォッサマグナ探索に出た。「ごぼる」は確かに加賀市にあった。だが小松や旧根上、旧美川にはない。旧松任の笠間地区に入ると再び使われ、金沢に続くのである。

また「くすぐる」の言い方では、小松、旧根上、旧美川で「こちょがす」「こちょばす」

なのが、旧松任地区の笠間と西新町を境に金沢と同じ「こそがす」に変わっている。

どうやら金沢ことばの南端は松任（白山市）周辺にあるようだ。

三十年前、加藤教授が学生だったころ、金沢を中心とした北加賀方言の南端の境界線は野々市周辺にあると言われていた。現在の調査結果が語る境界線、松任笠間と西新町周辺に走る言葉の断層帯は、明らかに金沢の勢力圏が拡大し、南下してきたことによるものだろう。勢力圏とは住宅、通勤・通学、経済、文化などもろもろの面を持っている。

金沢弁の優しさ「わかったよー」

この十数年のマスコミ界の異変の一つは「女子アナブーム」である。顔やスタイルもいい、声はもちろんいい。頭の中身も猛烈な倍率を乗り越えた面々だから当然悪くはない。だが、本当にいいのは「耳」だそうだ。

入社歴十年近い、関東と関西出身の女子アナ（もちろん美人で聡明）に、金沢ことばについて、うんちくを傾けてもらった。そこで意外な意見を耳にしたのである。

彼女たちが感じた金沢ことばの特徴は「ありがとね」の「ね」。「分かったよ」「よ」など、言葉の最後につける短い一言なのだという。

例えば女子高校生などが、よく使う「ありがとね(ー)」だ。やさしい響きと親しみが加わる。「ありがと」「わかった」と切るのではなくて「ありがとねー」「わかったよー」と続くことで、親しみや感謝の念までがしみじみと伝わると、言葉のプロである彼女たちの耳には聞こえているのである。

これはほかの世界の人からは聞こえてこない興味深い指摘であった。エトランゼには聞き取ることができるのに、〝地元耳〟には聞き取れない何かがある。これはそれなりに分析してみなければなるまい。

切れない金沢ことば

群馬県生まれで横浜の大学を卒業してテレビ金沢に勤める戸丸彰子さんは、子どものころから「耳」の良さをほめられたという。

金沢に来たころの印象は「どこで途切れるのか、あのーぉ、そしてーぇ」と延々と揺れて続くイントネーションに、すっかり困ってしまった。話の間に入れないからである。「そしてさ、あのさ、そうじゃん」などと、一言ひとことが切れている関東の言葉と金沢ことばの違いが、こんなところにあったのだ。

大阪府高槻市出身で長崎の放送局でもアナウンサー経験がある同社の田村純子さんも「よかよか、バッテン」などと、九州ことばもよく切れるといい、「切れずに続く」のが金沢ことばの最大の特徴という説にうなずく。

耳のいい彼女たちが口をそろえて指摘する金沢ことばの特徴は、二つにまとめられる。「ね」「よー」の文末詞と「切れない会話」の二つである。

そしてこの二つは、密接に関係していて、「ね」「よー」の新傾向の秘密もここにある。「ね」や「よー」は、先にも指摘したように、言葉を継いでいくための接着剤である。新しい方言の傾向であることには違いないが、新しい世界を目指しながらも「あのーんね、そしてぇーね」と切れずに続く金沢ことばの伝統から抜けきれないのである。

「ね」や「よー」は、方言の持つ田舎くさいイメージを消すための、近年の方言の変化(共通語の干渉による)、工夫の一つである。方言は過去をかたくなに守るだけではない。若い世代ではその世代に受け入れられ、使いやすい形へと、日ごと年ごとに革新され動いているのである。

「途切れることなく続く」個性を残しながら「上品で優しさ」を求める時代の流れとドッキングしたのが「ね」と「よー」の新境地なのかもしれない。

このように今日的に洗練されたかに見える金沢ことばの代表に「やよ(ー)言葉」がある。「そうやよー」「そうなんやよ」などというあれだ。「そうながや」などの金沢弁のこてこて部分が削りとられ、「そうなんや」と言い切らずに「よ(ー)」をつけ加えて余韻を与える。東京の言葉とも京都の言葉とも一味ちがう、優しい金沢ことばになるのである。伝統を守るということは、日々の革新の延長線上に「あるがやよ」。なるほどね。「わかったよー」。

方言を歌う　方言で歌う

♪海に漂う小舟のように　うねりながらの金沢ことばぁぁ〜ん、あんあんあん…

方言ソング「金沢ことば」を歌うのは、地元のフォークグループ「でえげっさあ」。市内を巡回する「ふらっとバス」や加賀野菜・源助大根など、身近な素材を取り上げたオリジナル曲を発信する同グループの「十八番」に成長した。“三題目”まである歌詞には、「どこ行くげんてー」「こそがしい」などの方言が共通語訳とともに、陽気なリズムで歌い込まれている。

このグループが方言に目をつけたのは、岐阜県の知人との会話がきっかけだった。リーダーの川崎正美さん（50歳、白山市在住）は、「語尾の『ジー』や揺れるイントネーションを指摘され、これまで意識さえしたことがなかった方言の面白さに気づかされた」と語る。

年に数回開くコンサートでは、会場にあわせて歌詞をアレンジ、金沢に続き白峰、小松、加賀版も制作して客席を沸かせてきた。

♪挙句の果てに「はよしねま」　初めて聞く人震え上がる…

♪先祖は公家かそれとも猫か　語尾にニャアがつく白峰ことば…

など、各地の言葉の特徴をユーモラスにえぐり、笑いを誘っている。

「無意識の領域をくすぐる刺激と、気取らなくていいんだという地元ならではの安心感が聴く人をつかむようだ」。能登版ソングの作詞にも意欲を燃やしながら、予想を超える方言の“効用”に川崎さんも驚いている。

金沢ことば130選

あいづち・応答の言葉

ほーや
●そうだ

おいね（おいや）
●そーだ

そうけ
●そうですか

なーん
（なーむ、なーんも、なも）
●いいえ、べつに

ほやとこと
●そうですとも

冬の日に

ごぼる
●雪にはまる

きんかんなまなま
●道が凍ってツルツルになった状態
「道もきんかんなまなまやし、気ーつけて行くまっし。」

ごっぽ
●下駄の歯の間に挟まった雪のかたまり

しんばり
●しもやけ

たけっぽっぽ（たけぼこり、たけぼっこり）
●雪の上を滑る竹製のはきもの

まいどさん ●こんにちは

あいさつの言葉

あんやと

●ありがとう

「おいしいケーキたんともろて　あんやと。」

おゆるっしゅ

●よろしく

ごせっかくな

●精をお出しになって

ごきみっつぁんな

●ご丁寧な、ありがとう

おいであそばせ（おいだすばせ）

●いらっしゃいませ

長いこって

●お久しぶりですね

ほんなら

●それでは

「ほんなら、今日はもう帰るわ。」

文中・文末の言葉

〜まつし
●〜なさい

〜さけ（さかい）
●〜だから

「堺から来たさかい、金沢はよう分からん。」

「あんた上手やさけ、次に歌《う》とて。」

〜せんなん
●〜しなければならない

「もうこんな時間や、早ようせんなん。」

「ちゃんとお返しはせんなんよ。」

〜まさる
●〜なさる

「何でも真面目にしまさる人や。」

「先生、どこ行きまさるん。」

〜じー
●〜よ、〜ね

「今日の髪形、決まっとるじー。」

「プレゼントもろて、いいじー。」

〜うぇー
●〜よ

「今度の休暇、ハワイ行くうぇー。」

「新車買ったうぇー。」

きのどくな ●ありがとう、恐縮です

勘違いされやすい言葉

あたる
●もらえる

かたがる
●かたむく

かってくる
●借りてくる

うまそーな（うまそい、まーそい）
●まるまると太って健康そうな

こわす
●両替する

こけ
●きのこ

こわい
●かたい（固い、堅い）

ちんと
●じっと

はかいく
●はかどる

まぜる
●仲間に入れる

きときと ●~新鮮でいきの良い様

繰り返し言葉

かがかが
●目が輝く様子

けんけん
●鉛筆の芯がとがった状態

ちゃがちゃが
●めちゃくちゃ
「仕事手早いけど、ちゃがちゃがで困る。」

むたむた
●散らかった様子
「このむたむたの部屋、掃除しまっし。」

人の呼び方

あんか（あんかま、あんさま）

●長男

おあんさん

●だんなさん、にいさん

おじ、おじま

●二男

こっぱおじ

●男兄弟の末っ子

じゃーま

●妻

添い合い　※なじみ添い

●夫、妻、配偶者　●恋愛結婚

たーた

●女の子

わし　わて、うち

●私（男）　●私（女）

あんにゃま

●若い女性

ねんね

●赤ん坊、子供

食べ物 味わいの言葉

もみじこ
●着色したスケソウダラの卵

おくもじ
●漬け菜

おつけ
●みそ汁

かきやま
●かきもち、あられ

くどい
●塩辛い

くにゃら
●魚のゲンゲンボー

こうばこ（こうばく）
●雌ズワイガニ

しょっぱん
●食パン

しょむない
●味がうすい

すい
●酸っぱい

なすび
●なす

はべん
●かまぼこ

百間堀のおかゆ
●水っぽいおかゆ、中身がない

ひろず（みいでら）
●がんもどき

べろべろ
●寒天を煮とかし、卵を混ぜて固めたもの

ぼぶら
●かぼちゃ

めったじる
●鍋でつくる豚汁風の料理

あいそらしい●愛想がよい

褒め言葉

いちゃけな

●かわいらしい

「あそこのお姉ちゃんは、いちゃけな子やねえ。」

かたい

●子供のぎょうぎがよい、おとなしい

「お姉ちゃんは、かたい子ねんけど、妹はちょっと。」

はしかい

●頭が良く行動も早い

「この子は、はしかいじー。」

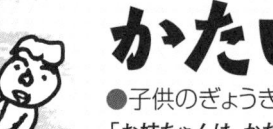

こうしゃな

●利口な

「小さいのにこうしゃな子や。」

りくつな

●たくみな、うまくできている

「こりゃ、りくつなロボットやな。」

はつめいな

●利口な

「1年1組はみんな、はつめいな子ばっかりや。」

悪口・けなし言葉など

いじくらしい（いじっかしい）●うるさい

あてがい
●いい加減

いさどい
●態度が大きい

いちがいもん
●がんこな人

おーどな
●大げさな、大雑把な

うざくらしい
●いやらしい、面倒な、気に入らない

ぐっすい
●ずるい

きかん
●気の強い、しっかりした

げんぞらしい
●わざとらしい

こんじょよし
●気がいい人

じまんらしい
●生意気な、偉そうな

しょまな
●ふがいない、下手な

だら
●バカ

ちゃべ
●おしゃべり

どくしょな
●薄情な

ひねくらしい
●大人びた

ままのうまい
●気がいい、調子もの

めとにする
●バカにする

らくまつ
●いい加減な人、楽天家

わらびしい
●子供っぽい

わりゃくさん
●きさま、おまえ

だちゃかん●だめ

良くない状態を表す言葉

あせくらしい
●忙しい

おぞけが立つ
●悪寒を感じる、気味が悪い

おとろしい
●おそろしい

かさだかな
●おおげさな

げっと（げべ、げべた）
●最後、びり

せわしない
●忙しい、慌ただしい

だえー（だやい）
●だるい、疲れた

ととのわん
●理屈にあわない

てきない
●疲れた

はがいしー（はがやしー、はげー、はっげー）
●歯がゆい、もどかしい

ばら（だいばら）
●大変

ばっかいならん
●どうしようもない、手に負えない

はすわな
●乱暴な

やくちゃもない
●とんでもない

いんぎらーっと
●ゆったりとした

癒しの言葉

おんぼらーと
●ゆっくりと

じっくらーと
●じっくりと

しなしなーと
●ゆっくりと、のんびりと

じゃまない
●大丈夫

だんねー（だんない）
●かまわない、大丈夫だ

なごなる
●体を伸ばしてくつろぐ

やわやわと
●ゆっくりと、落ち着いて

ちみる
●つねる

動作を表す言葉

あだける
●ふざける

いくす
●渡す、やる

がっぱになる
●一生懸命になる、必死になる

おっちゃんする
●座る

こそがす
（こそばす、こちょがす）
●くすぐる

ごたむく
●理屈を言う、文句を言う

もだかる
●もつれる

ねまる
●座る

※よこねまり
●足を横に出して座る
楽に座る様子

※以下の各章は平成六年の北國新聞連載をまとめた『頑張りまっし金沢ことば』（平成七年発行）に加筆したものです。本文中の肩書き、年齢、施設・行事等の名称は新聞掲載当時のままとしました。

若者の周辺で

はがいしいから、はんげーに

人々のささやかな夢をのせた「年末ジャンボ宝くじ」。その当せん番号が新聞に掲載された一月一日、初詣客でにぎわう尾山神社でこんな言葉を耳にした。「百枚もこうたんに、あー、はんげー」

この言葉、何も頭髪のことを言っているわけではない。金沢の代表的な方言「はがいしい」や「はがやしい」の変形である。別の表現では「はんげしぃー」「はっがーい」とも言う。いま、こんな言い方が「はがいしい」に取って代わろうとしている。母音融合や促音化など、現代の言葉感覚によって本来の形が変化したものだが、あくまで金沢のにおいがしみついた方言である。

もともと「はがいしい」は「歯がゆい」から変化した。共通語の「もどかしい」「悔しい」に近い意味でよく使われる。「悔しいほど腹が立たない。かといって、単なるもどかしいともちょっと違う。やはり、はがいしいとしか言いようがない」。昭和五十八年に「金沢の方言」を出版した志受俊孝さん（73歳）の「はがいしさ」は、一つの共通語に置き換えにくい、その微妙なニュアンスにあるようだ。

もう一つ、若者を中心に使われる言葉に「たっだ（ただ）」がある。これを頭につけると「たっだ、はげー」と変化する場合もあり、それこそ場所をわきまえないと、おいそれとは使えないだろう。

東京外大の井上史雄《ふみお》教授（社会言語学）はこうした言葉を「新方言」と名付けた。共通語と形が違い、若者世代で新しく使われ、しかも打ち解けた場でしか用いない言葉である。「若い世代が使う方言は、分かりやすいように、使いやすいように変化している。ある意味では言葉の〝省エネ化〟といえる」（井上教授）。

方言は悪いもの、共通語（あるいは標準語）は正しいものという固定観念が生まれたのは明治の時代から。戦後はラジオやテレビの影響で、日本全体が共通語化に向かっていたはずなのに、若者たちはいま新しい方言を次々と生み出している。

あんた結婚するげんてー

金沢市内の結婚式場のＣＭでこんな金沢弁がお茶の間に流れた。「あんた結婚するげんてー」。サイパンの風景がバックに流れ、ＣＭは「耳早いね」と続く。

この「するげんてー」の「げん」が新しい方言として急速に広がっている。街角の会話を拾い上げると「はよ帰るげんろー」「あの人汚いげん」「スキー一泊のほうがいいげんよ」──。

仲人歴三十年の吉川敏子さん（61歳）にCMのセリフを言ってもらうと「あんた結婚しまさるがぃてね」となった。「げん」は、この「がぃてね」の「がぃ」の元の形「がや」が「げー」を経て生まれたという説が有力だが、最大の特徴は若い世代を中心に使われているということだ。能登地区では早くから生まれていたが、加賀地方では金沢を中心に新しい方言として広がっていると言われる。

「げん」を全県区にするかと思われたこのCM、実は二カ月で打ち切りになっている。その理由を玉姫グループの坪根烈次社長に聞いた。「最初は金沢弁で親近感と温かみを出そうと思ったが、結婚のイメージに合わない、しっくりこないという意見も出てきた。金沢弁の受け止め方の違いでしょうか」。

現実感覚で物事を判断する若い女性も、結婚となると話は別。夢やあこがれは今も変わらない。吉川さんも「結婚への思いが強いほど、金沢弁は現実的な言葉に聞こえるのでしょう」と言う。女性の最もよそゆきの場が結婚式だとすれば、「げん」を使う場は友達同士、家庭など最も打ち解けた場になるだろう。

「公的な改まった場では共通語、ふだんの気楽な生活は方言というように、若い世代は言葉を上手に使い分けている」と指摘するのは金沢大教育学部の加藤和夫助教授。とすれば、「あんた結婚するげんてー」のセリフは、普段着のまま晴れの舞台に出されるような戸惑いがあったのかもしれない。録音した自分の言葉を改めて聞く気恥ずかしさとも少し似ている。

波打つように「あのぉんねぇ」

「あのぉんねぇ、きょう友達のうちに泊まってくわ」

公衆電話の一角から、こんな会話が聞こえてきた。家族連れや、待ち合わせの若者たちであふれる金沢市のラブロ片町前。人が行き交う周囲の慌ただしさとは対照的に、のんびりしたイントネーションが際立つ。

この女性、その後も「そやけどぉ」「だってぇ」と電話は延々三十分近くも。NTTの方々が見たらさぞかし喜ぶに違いない。

会話の途中や終わりに出てくるこのイントネーションは、北陸特有のもので、専門家の間では「ゆすりイントネーション」あるいは「うねり――」「波動――」「間投――」などと呼ばれる。いくら共通語を駆使して使っても、微妙に揺れる。

「あのぉんねぇ」は、感動詞の「あの(ー)」と「ね」がくっついた形だ。本来なら「あのね」と言いたいところだが、そこは金沢人。大なぎの日本海のように、ゆらりゆらりと波打ってしまったというわけである。

金沢市出身の歌手、井上あずみさんもこうしたイントネーションを自覚することがある。「アニメで声優の方々と一緒にお仕事した時など、イントネーションが少し違うと指摘されたことがありました。仕事柄、とくに気をつけていますが、相手が発声のプロだと違いがばれてしまうんですよね」。

最近、若者の間で全国的にみられる「語尾伸ばし」「語尾上げ」の現象と通じる部分もある。「それでぇ、わたしぃ、○○したらぁ」――。行動脳力研究所の山本和子所長は「若い世代は、自分の言いたいことを整理しないまま話す傾向がある。語尾伸ばしは時間かせぎの手段になっている」と指摘する。

会話の途中で「えー」「あのー」などの音を入れ、間のない言い方をすれば「間抜けな話」となるそうだ。「いわゆる、ひとつの」のプロ野球某監督、「まあ、そのー」の元首相の言い方は、それはそれで味があるのだが。

なぞの文末詞、かっこいいジー

「課長、かっこいいジー」

県外から転勤してきた大手企業の課長が、若い女性にこう言われて苦笑する場面があった。「かっこいいね、と素直に言われると喜べるんですが、『ジー』がつくと、真意が分かりませんね」。

転勤族ならだれでも違和感を感じるのが、この「ジー」であろう。全国的にも珍しい金沢独特の文末詞である。京都で学生生活を送った金沢出身の女性が思わず「いいジー」と口走ったところ、相手から「発音が違う」と指摘された。英語の「EASY（イージー）」と勘違いされたらしい。「そのスーツ、いいジー」なんて言うと、「イージーオーダー」でも連想するのだろうか。

文末詞というのは、そこに話し手の気持ちが強く込められ、それぞれの地方で方言の味わいを出す役割をする。北陸三県をみても、富山県は「牛乳、きとったゼー」と「ゼ」を多用し、福井県では「ほんなことしたら、あかんザー」と「ザ」が使われる場合がある。

『湯涌郷の方言』をまとめた金沢大職員、中村健二さん（60歳）は、こんな「ジー」の使い方を聞いたことがある。「おまえのうちに寝小便の布団、干してあったジー」。近所の小学生が言い合いをしていた時のことだ。

「昔は、相手の顔をのぞきこんで冷やかすような場合にも使ったような気がします。ちょっといやらしい言い方になりますが」。そう言えば「ジー」の持つ語感は、相手を皮肉るには効果的な気もする。

「ジー」を使う場面を若い女性に聞くと、「うらやましさを表す」「単に強調したい場合に」というように、人によって異なる。「無意識に使っているようでも、共通語の『ね』や『よ』では表現しにくい特別なニュアンスを込めようとしているかもしれませんね」(中村さん)。そう考えれば、「ジー」が今なお若者たちの間で根強く使われる現象も納得できる。

おとこ言葉　おんな言葉

男性の使う金沢ことばと女性の使う金沢ことばに違いが見られるものには、次のようなものが挙げられる。

①文末助詞「ヤ」と「ネ」

男「屋根につららできとるがいヤ。」「まんで、疲れたぞいヤ」

女「屋根につららできとるがいネ。」「まんで、疲れたぞいネ」

②断定の「ヤ」と「ヤヨ」

男「あの人は大阪出身ヤ」

女「あの人は大阪出身ヤヨ」(「〜ヤヨ」は若い女性によく使われる)

ほかに、「うまそい子やジー(健康そうな子だね)。」「かたい子んなるウェー(利口な子になるよ)。」などの「〜ジー」や「〜ウェー」は、男性も使うが、どちらかと言えば女性に多用される傾向がある。また、比較的若い世代の女性には自称代名詞のウチ(男性はワシなど)が使われる。

金沢の人はなぜ文末に「ジー」をつけるのか。こればかりは地元の言語学者のナゾでもある。

得意げな顔でウェー

金沢ことばの文末詞で、「ジー」とは別に、もう一つ気になるのが「ウェー」である。「きのうスキー行ってきたウェー」。得意げにいう場面で多く用いられる。

「ウェー」の語源としては「ワイ」が変化したという説、あるいは京都弁で使う「いかはるエー」の「エー」に着目する見方がある。男性が使う場合には「ワイ」から変形したと考えてもおかしくない。北陸方言の文末詞を調べた長崎活水女子大教授、愛宕八郎康隆さん（福井市出身）は「直接的なつながりはないかもしれないが、日本語の古い発音にはワ行のウェという音があった」と指摘する。

もっとも、この「ウェー」、若い世代で徐々に衰退傾向にあると言われる。その理由の一つは、やはり語感がよくないことである。「もう昼ごはん済んだウェー」と若い女性が言った時、県外出身の男性は、食べすぎによる生理現象を感じ取るかもしれない。

さらに、この音が現代日本語の音韻体系になく、どちらかと言えば外来語的であるということ。「外来語的なんて、かっこいいジー」と見直す人がいたとしても、こう考えていくと「ウェー」はもともと不利な条件を背負っているのである。

「公《おおやけ》に通じるという意味で『広場の言葉』という表現がある。語感の悪いもの、響きがよくない言葉は広場からはじき出される運命にある」（島田昌彦金沢大文学部教授）。実際、地方出身者が集まる「広場」の一つ、金沢大キャンパスでは金沢出身者も「ウェー」を使わないとの指摘もある。

この種の文末表現を挙げると、夏目漱石「坊っちゃん」で有名な四国・松山の「ナモシ」、名古屋の「ナモ」、仙台、佐渡、富山の「チャ」、青森県津軽地方の「ダビョン」などがある。これらの中には使用頻度が激減しているものも少なくない。

金沢独自の感情表現とも言える「ウェー」は、この先どうなるのだろうか。最後にオーケストラ・アンサンブル金沢のバイオリン奏者、トロイ・グーギンズさん（29歳・米国出身）の印象を紹介する。「この言い方を初めて聞いたときは、親しみを持って話してくれたと感じました。アメリカ的な軽い雰囲気を持つ、いい響きだと思いますよ」

横綱格「ダラ」も時代の波に

「ダラなこと、しとんなま」「わっ、バカ」「そんなアホなー」。夜の片町の街頭テレビ前でこんな声が飛び交った。サッカーW杯アジア最終予選の「日本－イラク戦」。日本が同点ゴールを決められた瞬間である。

こうした言葉は「罵倒《ばとう》語」と呼ばれ、金沢では「ダラ」「バカ」「アホ」の三つに大きく分けられる。もちろん「ダラ」は金沢弁の横綱格である。

三つを使い分ける若い世代も、親や先生からは「ダラ」としかられ、成長してきた。厳しい指導で知られる星稜高校野球部の山下智茂監督も「ミスした時など、昔は『えーいダラ』『アホンダラ』とよく使いました。もちろん、しっかりせいという励ましの意味を込めてです」と言う。しかし、「ダラ」だけで生徒が伸びる時代は終わったのだろう。山下監督自身、次第に言葉を選びながらの指導方法に変わったとしている。

関東の「バカ」、関西の「アホ」が金沢に入り込んだのは、そんなに昔のことではない。本格的な普及はラジオやテレビメディアが発達した戦後に入ってからと考えてよいだろう。新たなライバルを迎え、「ダラ」はどうなったか。

「これまでダラ一つで片づけてきた場面をバカやアホに分担させることで、若い世代が使うダラは、ニュアンスが変化している」（加藤金沢大助教授）。「バカ」「アホ」に席を譲って意味が薄まる場合や、ライバルの存在でかえって「ダラ」の存在価値を見い出し、意味が強まるケースがある。

福井県の「ダラ」「ダラクサイ」は「だらしない」程度の意味しかなく、金沢ほど強くはない。福井独特の「ノクテー」「アヤカリ」や、関西の「アホ」勢力におされ、本来の意味が薄まったのかもしれない。

加藤助教授は、「ダラはもともと勢いの強い言葉で、金沢弁のトレードマークのようなもの。意味が多少変化しても、今後も根強く使われていくだろう」と予測する。ちなみに加藤助教授は「ダラ」の語源を「足らず」→「ダラズ」→「ダラ」と変化したという説が最も有力であるとする。

「ダラブチ」より愛をこめて

金沢を活動拠点とする「劇団１１０ＳＨＯＷ《いっとうしょう》」の作品に、金沢弁を使ったストーリーがある。タイトルは「バビル3世」。その中で六十六回出てくる言葉が「ダラ」である。
上演時間が百二十分だから、およそ二分ごとに登場する計算になる。ここまでいかなくても、親しい間柄の日常会話では、かなりの使用頻度を持つ言葉には違いない。「おなじダラでも、ニュアンスが違うことに着目してセリフに盛り込んだ。一種の愛情表現にもなっている」と、演出担当の高田伸一さん（32歳）は言う。

そもそもダラには愛情を込めた使い方があった。金沢弁を織り込んだ随筆「七百二十日《しっちゃくはつか》のひぐらし」で泉鏡花記念金沢市民文学賞を受賞した木倉屋銈造さん（81歳）は「子供をしかる時は『ダラブチ』と愛きょうで包み、いたわりを込めたもんです」と振り返る。

親子の愛情ばかりではない。たとえば「バカ」には「いやーん、バカーん」のように、言われてうれしい使用例もある。これをダラで言い換えると「いやーん、このダラブチー」となるそうだ。

「ダラブチ」は「バビル3世」にも一カ所だけ出てくる。正義の使者として悪に立ち向かうことをためらう青年を、しもべのロプロスが体当たりして、たしなめる場面だ。「ダラブチ！　バビル様。あんたが、戦おうが戦うまいがそりゃ勝手や」。高田さんは「主従関係が逆転した時のおもしろさを出した。こんな場合はダラブチの方がぴったりする」と言う。

「ダラブチ」には仏教の「陀羅仏《だらぶつ》」から変化したという民間語源説がある。いかにも信仰心のあつい金沢らしい解釈だが、そう解釈すれば「ダラブチ」が持つ柔らかい響きも理解しやすくなるのだろう。

しかし、若い世代には、こんな言い方は少なくなった。「ダラ」はストレートに「ダラ」である。だからこそ、そのひと言に多様なニュアンスを込めるのだろうか。

「将来はダラを使った金沢弁のラブシーンもやってみたい」。高田さんは「ダラ」の持つ深層心理に関心を寄せている。

だらまに漂うレトロ感覚

四コマ漫画で活躍する金沢出身者で、「だらま」というペンネームを持つ人がいる。「だらま」は、北陸の石川・富山や山陰地方の一部で使われる「ダラ」の中でも金沢独特の言い方である。古い世代は「えーい、だらま」とよく使った。

帰省中の「だらま」こと中村雅《まさる》さん（25歳）に会った。ペンネームの由来をうかがうと、「だらま」はもともと漫画のタイトルだった。

当時のペンネームが覚えにくかったことに加え、「だらま」というタイトルの響きが東京の雑誌編集者の興味を引いた。「だらま」にするか「だら・まさる」かと編集者から改名を迫られた結果、「だら・まさるは余りにもハードすぎる」として前者に落ち着いたという。

タイトルの段階で「だらま」に着目した理由を、中村さんはこう言う。「いくら東京でもダラやダラブチでは語感で汚い言葉だと分かる。その点、だらまだと不透明な響きがあり、新鮮に映りました」。「だらま」にレトロ感覚、つまり懐かしさを覚えたらしい。

そう言えば、若い女性で「あーら、気の毒な」と古い金沢弁をおおげさに使う人がいた。「ありがとう」より手厚い感謝の気持ちを込めているようだ。若い世代から古い言葉が消えたわけではない。

東京外大の井上史雄教授は「日常言語にあきたらない若い世代が古いものに新鮮さを見い出している。方言も遊び感覚で使われ出した」と指摘する。往年のヒット曲を今風にアレンジすると再び売れる現象にも近い。

ペンネームを「だらま」に変えた中村さんのその後は――。自己紹介で「だらまと申します」と言うと、相手から「ダルマですか」と問い返されたり、宗教関係者と勘違いされることもあった。「陀羅尼経《だらにきょう》」や、ラマ教の教祖ダライ・ラマを連想するらしい。

「ま」の意味は、日本国語大辞典によると、人を表す言葉につける「さま」を略したという説明があった。「だらさま」の変化だとしたら、まんざら捨てたものではない。

「自己紹介の時は、さすがにやるせない気持ちになりました」と苦笑する中村さん。「だらま先生」あてで多数ファンレターが舞い込むようになった。

方言に勢い、チョーいじっかしい

「あいつ、チョーいじっかしかってん」「あの人もチョーきかんわ」

若者に「チョー」をつける言い方が広がっている。「いじっかしい」「きかん」などの金沢言葉にも自然な形で結びつく。むしろ「チョーいじっかしい」の方が、「いじっかしい」より頻繁に使われているような気さえする。

「チョー」は、形容詞などの上につけて状態のひどさを表すが、どぎつい断定にならず、それでいて刺激的な響きがある。この種の強調語は「爆」「激」「極」「ゲロ」など、若い世代に急速に広がり、ほぼ同時期に地方に波及してきた。

最近の若者に支持される「超」は東海道沿線の静岡あたりの方言として使われていたも

のが東京に入って新たに広がったとの説が有力だが、書き言葉の世界にも存在していた。金沢の街角でも安売りセールの店頭には「超激安」の垂れ幕が躍り、パチンコ店には「超出玉」、カレーハウスには「超大盛」の文字が目に飛び込んでくる。

話し言葉の世界に使われてから「超」は「チョー」になった。「チョーきかん」の意味をお年寄りに尋ねても、多くの人は「チョーキカン？」と問い直してくる。

若い世代が「チョー」を好んで使う理由を、行動脳力研究所の山本和子代表は、何でも大げさに表現したがる若者心理が働いているとみる。「一面では、周囲で使っている流行語を自分だけが使わないと不安になるという心理もあるでしょう。没個性化の表れともいえます」。

「とても」変わってきています

金沢大生を対象に平成16年、共通語で「とても寒い」と言う時の「とても」にあたる言い方を調査した際、石川県出身者（43人）の１位は関西ことばの「めっちゃ」で、32.6％に当たる14人が使用すると答えた。物事を強調する言葉は、時代とともに変化しやすいと言われる。「めっちゃ」は漫才ブームが起こった1980年代以降、テレビ等の影響を受け県内でも使用されるようになったが、若者の間で浸透してきていることが見える。

北國新聞社の情報サイト「こみみ」で幅広い世代を対象に行ったアンケートでは、石川県在住者のトップは「すげぇ」「すごい」「すんげー」など「すごい系」で88票（30.7％）を得た。「めっちゃ」「めちゃ」「めちゃめちゃ」など「めっちゃ系」は22票（7.7％）で３位にとどまった。（「こみみ」調査期間　平成17年9月7日から20日　有効回答数　287）

方言への影響はどうか。「言葉の乱れ」と一言で片づけがちだが、こうした現象を歓迎する向きもある。古くからの金沢言葉に、活力を与えているという見方である。

「若い人が使う方言はそれだけ勢いを持っている証拠。『チョー』は古い言葉を生き生きさせているように思います。まんざら否定もできませんね」。金沢の方言を調べている志受俊孝さん（73歳）の実感である。

やっきねー場面多すぎる？

「明日の試験、やっきねー」

若い世代に多用されるこの言い方は「やる気ない」の変化形である。女性が言うと、「やっきなーい」となる。いずれも、言いやすいように形を変えており、発音そのものがすでに「やっきねー」と言える。

金沢大教育学部に在学中、国語学を専攻していた山本紀子さん（25歳）は、卒業論文で「やっきない」の使用頻度を調べた。金沢市内の中学生、青年、壮年、老年の各層、計約三百人にアンケート調査した結果、中学生と青年層の約九〇％が日常会話で使い、逆に壮年、老年層では一人も口にしていないことが分かった。

愛知県でも同様の調査をしたが、九七・七％が「聞いたことがない」と答えており、山本さんは金沢特有の「新方言」と判断した。

「いろいろな言葉を調査してみて、これが一番、世代間の使用頻度の違いが明確でした。若い人に『やっきない』を使う場面があまりにも多いのかもしれませんね」（山本さん）

確かに、言葉が流行する一因として、その言葉自体の意味を必要とする場面が多くなることが挙げられる。ひところ「無気力、無関心、無感動」の三無主義が言われたが、その後も３Ｋ（きつい、汚い、危険）など、若者気質を象徴する表現が生まれている。

山本さんは「一生懸命やること自体、ダサイとみられる風潮がある。本心は違っていても、言葉でやる気なさを取り繕っているような気がします」と言う。

この手の言葉には「だやい」「だえー」というのもある。一人が「やっきねー」といえば、もう一人が「おれも、だえー」と連帯意識を確認し合うように、この二つの言葉は呼応関係にある、と真顔で言う学生もいた。

シマシマニシマッシマの意味は?

金沢大キャンパスで「シマ」の四乗、「ネガ」の三乗、「ネジ」の二乗という言葉遊びを教えてもらった。

「シマシマニシマッシマ」「ネガネーガンネーガー」「ネジネージー」

それぞれ共通語で言うと「しましま（模様）にしなさいよ」「（写真の）ネガが、ないんじゃないの」「ネジがないよ」となる。金沢弁の特徴をうまく盛り込んだ表現である。

金沢出身の学生がつくったという説があるが、いまでは県外出身者が金沢弁を皮肉る場面で持ち出すことも少なくない。

関西の女子学生が披露してくれた言葉遊びは難解だった。「チャウチャウチャウンチャウ」。わかりやすく言うと「（その犬は）チャウチャウと違うんと違うんか」。つまり、「チャウチャウ犬と違うんじゃない?」の意味になるそうだ。

「チャウ」は関西特有の方言の一つ。関西出身の友人を持つと、金沢出身者も影響を受けて「チャウ」を使ってしまう。最近では、相手のことを「自分」と呼ぶ関西独特の言い方もキャンパスに広がってきた。

逆のケースもある。薬学部四年の寺西潤子さん（22歳・兵庫県出身）は「あのぉー」という語尾の揺れが抜けなくなり、「実家の両親にだらしないしゃべり方をするなと、しかられました」と苦笑する。

方言が混在する大学キャンパスは、それぞれの言葉の特徴を見つめ直す場となる。静岡出身の学生が地元の方言で「そうダラー」（「そうだろう」の意味）を口にしたら、金沢出身者からムッとされ、それ以来「ダラー」は使えなくなったという。金沢の人なら「あー、ほーか」は関西出身者の前では使わない方が無難かもしれない。

先輩から後輩へと引き継がれる金沢弁の言葉遊びは、県外出身者にとっては城下町の景色やサークル活動などと同様、学生生活の貴重な思い出として耳に残るだろう。

上界からゲザンする学生たち

金沢の若者がつくり出す言葉の中で、場所が限定され、遊びの要素が加わったのがキャンパス言葉である。

「次は休講やし、どうする？」「私、ゲザンして街に出るわ」

金沢大生の間で新しく生まれた言葉が「ゲザン（下山）する」である。角間移転後の学生生活をこれほど象徴した言葉はないだろう。大学へ向かう時は「上界へ行く」と言う。学生がよく集まる場所にも多用される。「ワンショウ」「キング」（いずれも王将）「ナルモス」（鳴和のモスバーガー）「クルズー」（くるくる寿し）「ギュウ」（吉野家）など――。

講義に関する言い方としては「スナテツ」というのもあった。砂原陽一教養部助教授の哲学の講義である。「言葉を合理化する若者たちですから、そう呼ばれても別に気にはなりません」（砂原助教授）。ベンチプレス二年連続石川県一の同助教授は別名、「怪力哲学者」とも呼ばれていた。

このようにキャンパス言葉は、短縮や英語の置き換え、組み合わせ、比喩《ゆ》など、若者の造語パターンを凝縮している。日常の小世界をうまくしゃれ合うことで会話を楽しんでいるようだ。

「学生は自分たち以外が通用しない言葉を使うことで仲間意識を確認している。ある意味では、大学生としてのアイデンティティーの証明にもなっている」（加藤金沢大助教授）。

もっとも、こうした限定付きの言葉が、ときには一般社会に飛び出すこともある。

その一例として、百万石グランドボウルが「マンボウ」に改称した。この言い方、金沢大生の間では「マンボウにタマナゲ行っか」というふうに、以前から愛称で呼ばれていた。

同店を経営する加藤企業の加藤與晴専務は「飲食店で若者から親しみを込めて呼ばれていることを聞き、そうした現状も考えて改称に踏み切った」という。

キャンパス言葉が幅広く使われ、将来の金沢言葉になりうる可能性を秘めているとすれば、あながち「仲間言葉」と軽視はできない。

タイトルについて

「頑張るまっし」と違《ちご》うがけ？

タイトルに関する指摘が相次いでいる。

要するに「頑張りまっし」ではなく「頑張るまっし」が正しいというご意見である。この問題を解決しないことには先へは進めない状況になってきた。

まず、年配の男性から匿名でこんな電話があった。「母親が死ぬ寸前、枕元で私に残した言葉は確かに『頑張るまっし』でした。頭の中に、この言葉がしっかり刻み込まれているのです……」。説得力のあるエピソードである。

明治生まれという別の男性からは、こんな声が寄せられた。「最近、『頑張りまっし』という誤った言い方が広がっているのが気になっていた。この連載で活字となって登場したことで一言いいたくなった。すぐ改めなさい」。

「まっし」は、「～なさいよ」という意味の丁寧な命令表現である。この男性にすれば、「改めまっし」と言っておれないほど気になっていたのだろうか。金沢弁のトレードマークだけに、それぞれ思い入れが強い。

しかし、「頑張りまっし」の言い方で、励ましの電話や便りも相次いでいる。

日常的に励まし言葉を口にしている人たちの意見も聞いてみた。

金沢東高校バトントワリング部の富沢奈津さん（17歳）は「頑張りまっし」派の一人。「『頑張るまっし』は、自分が頑張るぞ、と言ってるみたいで、相手に対して使うには不自然な感じがします」という。

一方、仲人歴三十年の吉川敏子さん（61歳）は「『頑張るまっし』の励ましで八十組のカップルを誕生させました」と胸を張った。

さらに多方面の人に意見をうかがった。その結果、金沢ではどうも、この二つの大きな勢力が混在していることが分かってきた。

その違いは、古い世代と若い世代、昔から金沢にいる人と比較的新しく住みついた人、あるいは金沢の旧市街と郊外などで、ある程度、特徴づけられるような気もする。

共通語の力が加わり頑張りに

「頑張るまっし」か「頑張りまっし」か――。金沢市此花町に住む河原幸子さん（60歳）はこんな意見だ。「『頑張りまっし』は遠方の人たちが使う金沢弁だと思います」。

実際、東京からの転勤族は「頑張るまっし」と聞いても「頑張りまっし」と覚えるケースが少なくない。しかし、金沢で生まれた若い世代も「頑張りまっし」を使いやすいとするのはどうしてか。

「『頑張りまっし』は戦後、急速に普及した共通語に引き寄せられた形として新しく生まれた可能性が強い」とみるのは加藤金沢大助教授だ。「頑張りなさい」。そう言えば共通語では「頑張るなさい」とは言わない。

金沢市石引一丁目、金浦静彦さん（62歳）からこんな情報を得た。「昭和三十年代前半、登山した時に職場の若い女性から『頑張りまっし』と声をかけられたのを今でも鮮明に覚えています。そのころから、この言い方が耳によく入ってきました」。昭和三十年代前半といえば、テレビメディアによって共通語が地方に入り込んだ時期と一致する。

古参の「頑張るまっし」と新興勢力の「頑張りまっし」。文法的にもみていきたい。

加藤助教授によると、文献や古老の使用例から、敬語助動詞「まさる」の命令形「まっし」は五段活用の動詞では終止形、五段活用以外の動詞では連用形に接続していた。

となると、五段活用動詞に属する「頑張る」は本来、連用形の「頑張り」ではなく、終止形の「頑張る」で「まっし」に接続していたことになる。「頑張るまっし」を主張する方々の意見も正しいのである。

しかし、加藤助教授は、こう付け加えた。「動詞の活用の種類によって二つの接続形式を持つ助動詞は極めて珍しい。特殊であるがゆえに『まっし』はいま、内的な変化を起こしている」。

その変化とは、接続の単純化、もっと具体的に言うなら連用形「頑張り」への一本化だという。

「人間ならだれでも、二つの区別よりは一つの区別ですませたいという心理があるものだ。このため、共通語をまねて連用形に一本化することで、使い分けの面倒さから解放されたかったに違いない」と加藤助教授はみている。

変化する方言「まっし」はどうなる？

金沢生まれの四十七歳の男性から新たな指摘を頂いた。「小さいころ、『頑張るまっし』は固い響きを持つ男性言葉、『頑張りまっし』は柔らかい女性言葉だと思っていた」

加藤金沢大助教授はこの指摘を興味深く受け止めている。「言葉の新しい形は、女性の方が早く受け入れやすいのが一般的だ。保守的な男性が「頑張るまっし」を使っている中で、女性が「頑張りまっし」を使い始めたことで、そのようなニュアンスの違いが生まれたのではないか」。

正しいのは「頑張るまっし」か「頑張りまっし」か。こうして見ていくと、どうもこの視点はあてはまらないようだ。言葉が生き物のように動いている以上、文法の枠だけでくくれるはずもない。

「もともと方言は絶えず変化しており、共通語に比べると正しいという規範を設定しにくい。あえて言うなら、伝統的な言葉と新しい言葉という区別になる」（加藤助教授）

七十九歳の女性から匿名のはがきが寄せられた。「子供のころから『頑張るまっし』で励まされてきた。頑張るんですよ、という優しい励ましの言葉だった。その言い方が変わるのなら、死ぬにも死ねません」

そのお気持ちは十分理解できる。しかし、「頑張るまっし」が優しい響きを持つのは、「頑張る」の形ではなく、「まっし」に負うところが大きい。

「まっし」は丁寧な命令表現である。命令表現というと、冷たい、きつい印象を与えがちだが、そこに温かさを込めることで命令を和らげる。

金沢には「みす」言葉というのもあったが、今はもう「ございみす」（ございます）などという言い方は少なくなった。一方、街角の交通標語には「シートベルトしめまっし」、店先ののれんには「寄りまっし」があるように、「まっし」は今なお、かなりの使用頻度がある。共通語の命令形に置き換えられない微妙なニュアンスを持つために使い手があるようだ。

　揺れ動く金沢言葉の現在を象徴するのが「頑張りまっし」かもしれない。「頑張るまっし」の動向も含め、今後どうなっていくのだろうか。それを探るには、他の言葉の変化やその背景もみていく必要がある。

チャンピオンは「まっし」

　一番好きな石川の方言は「まっし」―。北國新聞社の情報サイト「こみみ」で実施したアンケートで、県内在住者から57票（20.7%）を獲得、2位「だら」（だらぶち、だらぼち等含む）の24票（8.7%）を引き離し、王座についた。命令表現を和らげる「～まっし」は、若い世代では使用頻度が減っているという報告もあるが、今回の調査では、女性を中心に20歳未満から60歳以上まで幅広い支持を集めた。3位の「あんやと(ー)」(22票)に続き、4位には「～がいね、がいや」と「～げん（て)」の文末詞が13票（4.73%）で並んだ。ベスト5に文末の語が3つ選ばれたことは、興味深い。(調査期間　平成17年9月7日から20日　有効回答数　281)

雪の中に生まれて

とけゆく運命？　きんかんなまなま

「きんかんなまなま」

金沢の冬の暮らしの中で、こんな方言が存在する。

二十代の若者に意味を尋ねた。「栗きんとんか、生菓子の一種」「昔の塗り薬」「生々しいキンカン」――。

三者三様の受け止め方である。実は、路面の雪が踏み固められて、ツルツルになった状態を指す。「きんかん」はキーン、カーンという金属音で、固さを表すという人もいたが、最も多かったのは、柑橘《かんきつ》類のキンカンの皮の状態を比喩《ゆ》したという説である。山形・庄内地方にもキンカという言い方があるらしい。

普通は「ツルツル」「テカテカ」などと単純に表現するのに、このような奇妙なネーミングは雪国でも珍しい。

金沢では、加賀料理のほか、押しずしには薄い輪切りのキンカンがみられる。風邪薬としても使われるが、とくに生産地でもなく、キンカンとそんなに深い関わりがある土地柄ではない。

雪とは関係なく、キンカンの最高の状態を、生産農家がこう表現しているのではないか。こんな仮説を立て、日本有数の産地、宮崎県串間農協に聞いた。

「『きんかんたまたま』という言い方ならあります。いま売り出し中の極上品種です。名前を一般公募したら、これを略した形が最も多かったのですが、さすがに採用できませんでした。『きんかんなまなま』は残念ながらなかったですね」という答えが返ってきた。

昔は「きんかんなまなま」の上を「タケッポッポ」（タケボッコリ、タケボコリ）で滑るのが子供たちの遊びだった。太い竹を真っ二つに割り、はなおを付けてスケート靴のように使う。

元国体選手で石川県スケート連盟理事長の井上博千さん（44歳）も「夜になると路面がツルツルになり、助走をつけて最長距離を友達と競った。これがスケートに興味を持つきっかけだった」と振り返る。

シーンと冷え込んだ夜、「きんかんなまなま」を探しに街に出た。しかし、どこにも見当たらない。融雪装置が完備された市街地の道路は、見渡す限りシャーベット状の雪だった。味わい深い方言も、全体的な暖冬傾向の中では、〝とけゆく運命〟にあるのかもしれない。

ゴボルで冬を実感

金沢出身の会社員が大学時代、雪山を登っていた時に突然こう叫んだ。「おい、ゴボルぞっ」。その瞬間、後続の学生たちは思わず身をすくめ、がけの上を見上げたという。

「ゴボル」は、足が雪にはまる状態を意味する金沢弁だが、そのグループは県外出身者が多く、がけから何か落下してくるものと勘違いしたらしい。

北陸の雪は、北海道のサラサラした雪質とは違って、水っぽいのが特徴である。このため、雪にはまる状態を指す言葉は実に多彩で、加賀地方ではほかに「ズボル」「ウツル」「シズム」など、隣の福井県では「ゴボル」のほかにも「ガブル」「ガボル」「グワル」「グイル」などが存在する。

手前みそかもしれないが、やはり「ゴボル」の方がゴボゴボッと足が沈んでいく様子を見事に言い当てているような気がする。まさに雪の中から生まれた言葉と言えよう。

もっとも、同じ金沢でも山間部だと少し言い方が違ってくる。湯涌は「ウチル」である。「落ちる」から変化した言い方だが、積雪地帯では落とし穴にはまったように、すっぽり

腰まで沈むこともあるらしい。

ゴボッたり、ウチルのは、雪がまだ踏みしめられていない道を歩く時である。湯涌には、そのような道にも名前が付いていた。「アラミチ」。アラは「新しい」という意味だろう。『湯涌郷の方言』をまとめた金沢大職員中村健二さん（60歳）によると「アラミチをこぐ」と使う。「かんじきをはく場合、普通に歩くと両足がすれ合ってしまう。足を外側に広げ、船をこぐようにしないと前へ進めませんでした」。

今はゴボル道に欠かせないのが長靴である。ＪＲ金沢駅にある石川県金沢観光情報センターの貸し長靴を利用する観光客の中には「この格好でレストランに入れるのでしょうか」と心配する人もいるそうだ。そんな時、同センターの勝見信一所長は「長靴も金沢の立派なファッションです」と答えている。長靴をはいてゴボれば、これも金沢の「体験観光」の一つとなるだろう。

下駄ばきの名残とどめるゴッポかな

「雪の朝　二の字踏み出す　庵《いおり》の主」

雪を題材にしたこんな句がある。「二の字」は、下駄《げた》の歯の跡を数字の「二」にもじった言い方である。うっすらと雪が積もった一面の銀世界に「二」の跡が続く。雪景が思い浮かぶ句である。

雪の朝、金沢の道を下駄で歩いたらどうなるか。大雪の時には「二の字」はつかないだろう。その代わり、下駄の底には「ゴッポ」がつく。

「ゴッポ」とは、下駄の歯と歯の間に挟まった雪のかたまりを指す。別の言い方では「ガッパ」という。これは汚い意味もあり、風情のある句はどうも作りにくい。

それにしても、金沢は雪に関する言葉が豊富である。共通語の世界では、雪は下駄の底についても単なる雪でしかない。語源の可能性の一つとしては、雪のかたまりが下駄の歯から抜ける音を表した擬声語が考えられるだろう。

長靴しかはかない人には分からないのが「ゴッポ」のわずらわしさである。金沢市尾張町二丁目の木倉屋銈造さん（81歳）もこう言う。「路面でこすりつけても、なかなか取れない。そのうち『ゴッポ』がかたまり、おわんのような形で下駄の底にこびりつく。こうなると、もうバランスが取れません」。

金沢ではこのような事態を想定して「ゴッポ落とし」という石があった。金沢市尾張町の建物の玄関先には、それが三つ残っている。高さ約三十センチ。ピストルの弾《たま》を大きくしたような形である。
人の家を訪問する時は、家に「ゴッポ」を持ちこむと水浸しになって失礼にあたる。そこで、石に下駄を打ちつけ、「ゴッポ」を落としたのである。迎える家人も、トントンという音が来客を知らせる合図になったという。こうなると「二の字」にも負けない詩情豊かな世界が広がる。
「ゴッポ落としの周囲には、雪のかたまりがいくつも転がっていて、その日の来客の様子も分かったものです」（木倉屋さん）
下駄ばき時代の名残をとどめる「ゴッポ落とし」はいま、手持ち無沙汰に雪の中にたたずんでいる。

タルキに漂う古典文学の薫り

金沢の老年層はツララのことを「タルキ」と言う。この言葉を戦後生まれに聞くと、ほとんどが知らないと答える。

共通語のツララが戦後に入って隅々まで浸透した結果だが、「タルキ」の語源はかなり古く、古語の「垂氷《たるひ》」にたどりつく。「風などいたう吹きつれば、タルヒいみじうしだり」（枕草子）、「朝日さす軒のタルヒは解けながら」（源氏物語）。「タルヒ」が京都でツララを指す言葉として定着し、金沢へも伝わったと推測される。加藤金沢大助教授は「金沢の方言は、江戸時代あたりに京都で使われていたものが多いと思われる中で、タルキはかなり古い時代にさかのぼる言葉として注目される」と言う。古典文学の薫り漂う言葉なのである。

もっとも古い世代では、「タルキ」を「タロキ」「タンタルキ」などと言う人もいる。金沢以外でも、能登では「ボーダレ」、富山県では「カネコロ」がある。加藤助教授らの調査によると、福井県では「タルキ」（嶺北）以外に、「ナンリョー」「ナンジョー」「ナンゾ」（嶺南）、「ホダレ」（敦賀）なども存在していた。

「ツララは冬の生活の中で子供の興味を引きやすい対象であり、こうした世界の言葉は、子供の狭い交流範囲の中で、多種多様に変化したり、新しい形を生み出す傾向にある」（加藤助教授）という。

朝日にきらめく氷の棒は、いつの時代も子供心をくすぐる。軒先に下がったツララを折って、口にした経験はだれにでもあるだろう。若狭で使われていた「ナンゾ」はアクセントこそ違うものの、おやつを意味する言葉でもあった。

古語の「タルヒ」が「タルキ」に変化したのはやはり、屋根を支える「垂木《たるき》」に引き寄せられたためらしい。そのせいか、「タルキ」と聞くとどうしても太くて長い形を連想してしまう。おやつより、チャンバラの方が適しているだろうか。

最近では住宅建築の工法が変わり、軒先から垂木が見えなくなった。垂木と直接、結び付かなくなったのが、「タルキ」という言葉が衰退した一因かもしれない。さらに雨どいの完備などで、「タルキ」と呼べるほどりっぱなツララには、なかなかお目にかかれなくなっている。

城下町に息づく

理屈抜きに味わい深いりくつな

「りくつなー」「こんなはよ建ってしもうがけ」

部屋単位のボックスを組み上げて住宅をつくる「ユニット工法」のＣＭに、こんな金沢弁が登場した。さら地にあっという間に棟上げが進む様子をみて驚くわけである。

北陸セキスイハイムのこのＣＭ、もともと大阪出身の大野義広社長の発案だった。「一日で棟上げするのが珍しいのか、どこの現場を回っても、ご近所の方々が『りくつなー』と言われるんです。金沢に着任当初、この言葉なんやろなーと思っているうちに、よい意味の金沢弁だと分かりました」

日本国語大辞典によると、「りくつな」の意味は方言として「巧みな」「面白い」「気のきいた」とある。物事ばかりでなく「あの子は親孝行で、りくつな子やな」と人に対しても使う。対象を問わず、プラスの評価を与える「りくつな」言葉である。

もっとも、この言葉を初めて耳にする県外出身者は少なからず違和感を覚える。理屈といえば本来、「理屈っぽい」「理屈こき」「理屈をこねる」のようにマイナスのイメージを持つからだ。

夏目漱石「草枕」の冒頭に「智に働けば角が立つ」とあるように、「智」も使いようによっては悪感情を抱かせる。理屈も本来、角が立つものである。それが金沢では「智」を持つ人を尊重し、その論理を「理屈な話やね」と感心するのである。

島田金沢大教授は「理屈の持つすべての難点を取り込んで、相手の論理を認めようとしたもので、お互いの共感を前提とした味わい深い金沢言葉の一つだ」と指摘する。「りくつな」の響きに庶民的な幸せの広がりさえ感じるのである。

方言には日常生活で使う場面が狭められて衰退したものもあるが、「りくつな」はますます使う場面が増えている。

熱演の一座に気の毒な

金沢市八田町東の長寿生きがいセンター寿康苑。ステージでは御供田《ごくでん》幸子一座が舞踊を披露していた。出演者に送られるのは威勢のよい掛け声ではない。「気の毒な」の言葉だった。

「こんなよいもん、ただで見してもろて」。こうした感謝の気持ちが「気の毒な」に凝縮されている。座長の御供田幸子さん（49歳）は「ボランティアですでに四百四十回近く施設を慰問していますが、この言葉が私たち一座の励みになっています」と言う。

このように「気の毒な」は老年層、とくにおばあちゃんがよく使う言葉だ。「恐縮です」「ありがとう」の意味がある。この言葉を県外の人たちが聞くとどうなるか。「なぜ自分が同情されているのか、よく分からなかった」という反応が多い。

「気の毒」の意味は、他人の不幸や苦痛に同情して心を痛める「かわいそうに」が一般的である。共通語では「気の毒に」の方が自然だが、「に」と「な」の違いだけで意味は一転する。御供田一座も慰問先の舞台で「気の毒に」と言われたら立つ瀬がないだろう。

「気の毒な」を「主客一体化の言葉」だと位置づけるのは島田金沢大教授だ。「『気の毒に』は、自分とは関係のない相手への通り一遍の同情だが、『気の毒な』は、自分が相手にかけた面倒に共に心を痛めたもの。全く異なる感情の世界だ」と言う。

しかし、同情の意味で使う「気の毒な」も存在していた。御供田さんが慰問会場で聞いた会話だ。

「おまさんとこの嫁の里、北海道の奥尻やったかいに、地震のときどうやったいね」「うちが、だちゃかんがになったんやわいに」「ありー、気の毒な」

『江戸時代語の研究』という専門書によると、「気の毒」には、もともと感謝と同情の二種類の意味があった。共通語のように同情の意味でしか使わなくなったのは享保（一七一六—三六）から宝暦（一七五一—六四）の時期を境にしてだという。

「金沢で感謝の意味が残ったのは、常に相手のことを意識して行動する金沢独特の生活土壌があったからではないだろうか」。島田教授はこうみている。

あなたの妻は添い合い？　じゃあま？

大手化学品メーカーが実施した夫婦間の呼称調査で、最も多かったのが「お父さん」と「お母さん」である。お互いを紹介するときのトップは「主人」と「家内」。夫に紹介されるときにうれしいのは「妻」、嫌なのは「かかあ」だった。

金沢では配偶者の古い言い方として「添い合い」がある。芸能人の結婚会見で「（この人に）ついていきます」というセリフをよく聞くが、「添い合い」には肩を寄せ合い、二人三脚で人生航路を行く夫婦の情愛がにじむ。

「添い合いを見つける場は、昔は盆踊りでした。その場であいびきの約束をする人もい

ましたね。今でいう集団見合いパーティーです」。仲人歴三十年の吉川敏子さん（61歳）はこう振り返る。

吉川さんの場合、「添い合い」を見つけたのは盆踊りではなく、職場恋愛だったが、かつて石川、富山あたりでは、こうした恋愛結婚のことを「なじみ添い」と言った。結婚は親同士が決めるのが当たり前という時代があった。「なじみ添い」は親の反対にあいやすく、駆け落ちに至るケースもあったらしい。なれそめから所帯を持つまでの情景が浮かぶ言葉である。

もっとも「なじみ添い」で結婚しても、時間がたって緊張感がなくなると、妻の言い方が「添い合い」から、さらに変化する場合がある。「うちのじゃあま、おらんけ」。そこにはロマンチックな雰囲気のかけらもない。

妻の方が「ほないに、じゃまかいね」と反論するように、「じゃあま」の語源を「邪魔」と思い込んでいる人が多い。加藤金沢大助教授によると、全国的には、子どもが母親を指す呼称として「じゃじゃ」「じゃあ」「じゃ」などの言い方がある。「じゃあま」は「じゃあ」に人を表す接尾辞「ま」がくっついたと考えることができる。

「夫が子供の前で妻を『かあちゃん』と呼ぶように、日本の親族呼称は多くの場合、子どもを基準にして用いられている。金沢ではいつの間にか妻を指す言い方として定着したのではないか」（加藤助教授）。決して妻を卑下した言葉ではないのだが、「じゃあま」の現在の使い方と「添い合い」の間には大きな隔たりがある。

ラテンの響き、おんぼらぁと

河北潟に広がる酪農団地。雪が解け始め、牛が戸外へ出て牧草をはんでいた。実にのどかなムードである。金沢弁では、このように、ゆっくりと、ゆったりとした様子を「おんぼらぁと」と表現する。

「おんぼらぁと食べまっし」。もともと「気楽に」「ぼんやりと」という意味の副詞「おんぼり（と）」があり、それに「高《たこ》うらと」のように形容詞を副詞化する接尾辞「ら（ぁ）と」を付けることで、何の気兼ねもなく、気楽な雰囲気を醸し出した。その語感から広がるのは、「あせくらしい」（気ぜわしい、忙しい）世の中のしがらみから解放された牛の放牧風景そのものである。

そんな牧歌的な言葉が、都会の真ん中にも存在していた。東京・渋谷の一角にあるフランス食堂「おんぼらぁと」である。経営者は昭和四十年に金沢美大を卒業した服部大三郎さん（名古屋市出身）。「金沢の学生時代の思い出がしみこんだ言葉がこれです。ゆっくりくつろいでほしいという店のイメージにもぴったりでした」。

もう一つ、都内のギャラリーで毎年八月に開催している展覧会に「おんぼらぁと」展がある。これも金沢美大同窓生を中心とする美術家グループだった。世話役の田保橋裕子さん（金沢市出身）は「展覧会は今年で九回目を迎えますが、『おんぼらぁと』の言葉に触れる人たちは年々増えています」という。

地元では古くさいと思える言葉も、東京で使えばあかぬけて映るらしい。実際、服部さんの店では、若者たちから「どういう意味か」といった質問が少なくないとか。

フランス料理と結びついた金沢弁。服部さんは特に因果関係はないと否定したが、気になってフランソワーズ・モレシャンさんに印象を聞いてみた。

「実はフランスにも似た言葉があります。『おんぶる』です。陰影とか影といった意味があります。ラテン語の中には、語尾にさらに音を付け加えた形もありますので、もしかしたらイタリア語なんかに、そんな言葉が存在するかもしれませんね」

フードピア金沢で石川県入りしたモレシャンさんは「語尾を伸ばす金沢らしい言葉です」と特徴をしっかりつかんでいた。ありえないことだが、イタリア語の語源説には夢があっていい。

あぐらが似合ういんぎらぁと

「おんぼらぁと」とよく似た言葉に「いんぎらぁと」がある。日本国語大辞典には「ゆったりと」の意味の副詞「いんぎり」が金沢の方言としてある。金沢弁には「高《たこ》うらと」「早《はよ》うらと」のように形容詞の連用形に「らと」をつける特徴があり、「いんぎり」は副詞だが、それに「らと」がくっついた形と考えられる。

「おんぼらぁと」とそっくりの意味だが、生粋の金沢人はこの二つをきっちりと使い分けているのだろうか。「おんぼらぁと」は量的なゆとり、「いんぎらぁと」は空間的なゆとりを表すというのは金沢市片町二丁目の吉川実さん（68歳）だ。「『おんぼらぁと』は食事を勧める時に使うように、たっぷりと、存分に、という気持ちを込める。『いんぎらぁと』は広々とした意味があり、まったく別の言葉です」。

金沢市尾張町二丁目、木倉屋銈造さん（81歳）が連想する「いんぎらぁと」した空間は、寺の本堂だ。「ホンコさん（報恩講）で、みんなが集まって飲む雰囲気が一番ふさわしい」。民家だと、いろりがあって、あぐらをかいてくつろぐ光景だという。

木倉屋さんの「いんぎらぁと」の条件はなかなか厳しいが、金沢市板ケ谷町の高木政友さん（78歳）宅には今もそんなたたずまいが残っていた。築三百年以上、居間の広さは七十畳もある。「いろりも二つあり、三々五々、人が集まってきて、近所の話題などに花を咲かせています」

このような旧家はめっきり少なくなったが、広々とした空間は庶民のあこがれには違いない。最近の住宅建築では、明るいパステル系の色を「膨張色」と呼び、これで目の錯覚を起こさせる。さらに、鏡やガラス、遠近感を出した壁面イラストなどで「いんぎらぁと」した空間を演出する。

モノからココロの時代へ。いま必要なのは、この「いんぎらぁと」した余裕なのかもしれない。

子供の世界に生きるどぶす

東京から金沢に転校してきた小学二年生が金沢弁を覚えてきたら、母親がムッとしたというエピソードを聞いた。「どぶす」である。下水の溝を指す。

「子どもたちの何気ない会話で出てくる言葉がコレです。どの学校に赴任しても聞きますね」。金沢市三馬小学校の小阪栄進教頭が指摘するように、共通語世代の子どもたちもなぜか、この方言を多用する。逆に大人になると、溝とか側溝といった共通語に言い換えるケースが目立つ。「どぶす」は子どもの世界で生きる方言の一つかもしれない。

「子どもたちは汚いものに興味を示す傾向があるが、『どぶす』もその一つになっている。言葉の響きも、感性を刺激する部分があるのだろう」（小阪教頭）

子どもたちの通学路にはいつも「どぶす」がある。野球をしていてボールを落とすのも「どぶす」であり、雪で道路との境が分からず、うっかりはまってしまう「どぶす」だってある。大人が「どぶす」の存在を意識するのは、せいぜい雪かきの時か、春の泥上げシーズンぐらいである。

「どぶす」は、金沢では別の言い方も存在している。「どぶそ」「どぼす」「どぼそ」「えんぞ」などである。多数派は「どぶす」と「どぼす」だが、いったいどちらが金沢弁の正統派だろうか。

金沢の舞台用語には「どぼす」という言葉があった。北國邦楽舞踊特選会理事長の藤間勘奴さんによると、花道の外側の席を指し、どちらかというと役者の顔が見えにくい席である。「今回は、どぼす（の席）しか取れなかった」というふうに用いる。

舞台で使われているとすれば、こちらの方が古い形で、「どぶす」は共通語の「どぶ」

に引き寄せられた新しい言葉の可能性も出てくる。そう言えば、マージャンに負けた時に発する言葉も「どぼす」である。

しかし、日本国語大辞典や日本方言大辞典には、この二つが下水を指すと説明してあるだけで、どちらが先に使われていたかは判然としない。

「どぶす」か「どぼす」か。それぞれ幼いころの心象風景が詰まった言葉だけに、使う側には格別の思い入れがあるようだ。

エッ、公共の場で「おいでましたら」？

「○○さま、おいでましたら一番窓口までお越し下さい」。金沢市内の某病院待合室。若い女性の声で、こんなアナウンスが流れている。

この「おいでましたら」の元の形、「おいでます」が実は金沢の方言である。それが公共の場で堂々と流れているため、県外の人は一瞬、「エッ」と驚く。

「おいでます」は共通語で言うなら「おいでになります」となる。「いらっしゃる」という敬語表現である。共通語と形が似ているせいか、使っている人は方言だと意識していないケースが多い。

こうした状況を県外出身者はどう受け止めているか。転勤族の妻で組織する「わかな会」の川並圭子さん（58歳・京都出身）は「公共放送でよく聞く言葉ですが、ことば自体がきれいであれば、そんなにめくじら立てる必要はないでしょう」と意外と好意的だった。

「おいでます」の使い方で、むしろ問題視されるのは、身内に対する場面である。お客が訪ねてきたとき、「父はおりません」と言うべきところを「おいでません」と言う。国語審議会が二十七年ぶりに諮問を受けて日本語の見直しに入るが、その重要テーマが敬語の乱れである。「金沢の人間は敬語の使い方を知らないのか」とおしかりを受けそうな話である。

加藤金沢大助教授によると、身内に敬語を使うのは「身内尊敬用法」と呼ばれ、近畿圏を中心とした西日本に定着していた。身内に対する「おいでます」もその名残をとどめる使い方かもしれないという。「かつて家庭では父親などの存在が尊敬の対象とされていた。身内尊敬用法の歴史的背景を考えれば、現代の敬語の尺度で一方的に非難するのは妥当ではない」（加藤助教授）。

もっとも、身内以外でも「おいでます」を使う人がいる。行動脳力研究所の山本和子代表は「社員研修で自社の社長のことを言うのに『社長はおいでません』という人が結構、見受けられる。これ一つとっても、若者の敬語はデタラメです」と手厳しい。

身内尊敬用法と知って「おいでます」を使っているなら「公私混同」となるが、こうなると「金沢らしい」とは決して言えない。

多彩な敬語表現

金沢には敬意を表す方言が多彩に存在している。これは北陸全体を見渡しても突出した特徴である。「おいでる」は、「おいでになる」が変化し、方言として発達した。改まった場面で使う言葉が共通語化している現在、「おいでる」などは公の場でも使用する数少ない方言である。

このほか、「〜しまさる」の「まさる」は尊敬の助動詞である。「行けた」なども金沢周辺に存在する敬語表現である。「行かれた」という尊敬の意味を含んでいる。

敬語が発達したのは、城下町の土壌と深く結びついている。さまざまな階層、職種が混在し、上下関係に合わせた表現が定着したのである。東北を含む東日本は敬語の未発達地域と言われているが、これは農村社会を中心に発達し、階層の差がそれほど意識されなかったためらしい。

おいね、ほうや、そうけで心の交流

「どの場面でどんな言葉を出せばよいか、使うとなると、いまだに迷いがあります」

さきの「わかな会」の会合に出向いたら、こんな嘆きが四十代の女性から漏れていた。

その女性を戸惑わせているのは、金沢で使われる応答詞「おいね」「ほうや」「そうけ」などである。

「わかな会」では金沢を理解する一環として、過去に講習会を開いて金沢言葉の習得に努めてきた。しかし、多様に存在する応答詞をどのように使い分ければよいか、こればかりは一朝一夕には体得できないようである。

過去に同会の講師を務めた志受俊孝さん（73歳）も「金沢弁の微妙なニュアンスが分からないと、近所付き合いでも心の交流がしにくいみたいですね」という。

たとえば「おいね」一つとっても、男性になると「おいや」の方をよく使う。感情をこめるときは「おーいね」と伸ばしたり、「おいね、おいね」と重ねたり。年季が入ると「おいね、ほやとこと」と別の応答詞も加え、より複雑になる。

「おいね」は相手の話に同感し、あいづちを打つ「はい」「そうだ」の意味がある。同じあいづちでも「ほうや」は「その通り」「まったく同感」と相手の話題を盛り上げる。そこには話し相手に対していささかの不信感も存在しない。

一方、「そうけ」は「そうですか」といった意味で、消極的な肯定である。「そうけ、そうけ、そうかいね」となると、今度は相手の話に深い関心を示す言い方となり、複雑な使い分けを要する。

もともと日常会話の中でしか聞けなかった応答詞だが、ここ数年、多様な場面で登場するようになった。

毎年六月、恒例の百万石まつりでは広坂通りに「金沢ほうやね」という曲が流れ、「ほうやね、ほやほやね」の囃子《はやし》で踊りの輪が広がる。

転勤族の方々が応答詞を学ぶ機会は確実に増えた。「わかな会」の川並圭子さん（58歳）は「これらを使いこなせれば、金沢弁の柔らかい雰囲気が出せると思います」と話している。

ノーと言えない時のなーん？

「映画楽しかった？」

「なーん」

金沢でこんな会話が日常的に交わされている。県外の人たちが、この「なーん」を聞くと「日本語じゃないみたい」と言う。

金沢弁の「なーん」は、基本的には否定の意思表示である。しかし、そんなに強いニュアンスはない。どちらかと言うと、さりげなく、気を抜いたように発音する。否定をうやむやにしてしまう感じだ。

ユーロセンター金沢の川端智子さんに冒頭の「なーん」を英訳してもらった。「NOT AT ALL（ノット アット オール）」「NO（ノー）」「NOT REALLY（ノット リアリー）」。

この三種類が考えられる。あとの方ほど否定が弱く、「全然、楽しくない」「楽しくない」「別に」となる。「『なーん』は最後の『別に』といったニュアンスが多分にあります。あとに文脈が続かないことも多いだけに、通訳するとなると難しい言葉でしょうね」（川端さん）。

日本人は相手を思いやり、物事をあからさまに言わない傾向があるとよく言われる。金沢の方言を収集している此下鉄男さん（66歳）は「『なーん』もその典型でしょう。その先は察してほしいという、金沢らしいあいまいさを兼ね備えています」という。

古い世代になると、「なーん」よりも「なも」「なーも」「なーんも」「なーむ」などをよく使う。否定の意思を強調したい場合は「なもやちゃ」とか「なもいね」に変わる。「お世話になりました」と言われたら「なんも、なんも」と謙そんしてみせる。

若い世代が使うのは「なーん」がほとんどで、ときには質問をはぐらかすような感じになる。「最近、元気ないわね」「なーん」。それ以上、聞いてほしくないという合図にもとられかねない。

米ロ首脳会談で、クリントン大統領がエリツィン大統領に注意を促したのは「日本人のイエスはノーである」だった。金沢人の「なーん」は、必ずしも「ノー」でないことも忠告しておきたい。

子供はかたい子が一番？

金沢市金石北三丁目、老人福祉センター松寿荘で毎月一回、「童《わらべ》とあそぶ集い」が開かれている。金石保育所の園児を招き、ゲームなどを通して交流を深める場である。そこで、お年寄りが口にするのが「あら、かたい子やねえ」である。

「質問に素直に答えてくれた時など、本当にかたい子やなと思います」と横江藤一さん（72歳）。そうした子には「頭、カワカワしてあげる」と言って頭をなでるお年寄りもいるそうだ。

松寿荘で介護にあたる金沢市福祉サービス公社職員、中村江美子さんは、もともと名古屋の出身。「かたい」の語感について「石のようにカチンカチンした子供とはふつう言わないし、金沢へ来た当初は少し違和感がありました」という。

日本国語大辞典を引くと、「かたい」は態度や状態が強いさまを表す。そこから転じて岐阜県では「けち」、福井県の一部では「達者な」の意味になる。金沢では「子供の行儀がよい」「おとなしい」となるわけである。

子供へのほめ言葉には「こーしゃな」「はつめいな」というのもある。「巧者」「発明」の漢字をあてる。利口な子という意味のほかに、年の割りにはませた、というニュアンスも含むようだ。「かたい」はどちらかと言えば、従順で「絵に書いたような子供」である。大人にとって都合のよい子供と言えるかもしれない。

本来、子供をほめる「かたい」を大人に使うケースもあった。「あそこの、ダンナさん、かたい人やね」と言う場合だ。こうした使い方は共通語にもある。

浮気もギャンブルもせず、品行方正、亭主の鑑《かがみ》のような人を指す。それが徹底しすぎると、ときには「そんな、かたいこと言わんと」とたしなめられる。子供の場合とはニュアンスが微妙にズレるせいか、その人に面と向かって言うことは少ない。

もっとも、大人に向かって言う人もいた。老人福祉施設でお年寄りに謡《うたい》の指導をしている木村為吉さん（90歳）だ。「まじめに取り組む人は、いくつになってもかたい人です。

子供のような純粋さがないと何事も上達しません」。
木村さんだからこそ言えるセリフである。

大きさに感嘆うまそい子やのー

「赤ずきん」の物語で、オオカミが「うまそうな子供だな」とつぶやくシーンがある。子供心にゾッとする瞬間である。だが、このオオカミが金沢出身だったら、そんなに怖くないかもしれない。金沢弁の「うまそうな」は「おいしそうな」ではなく、丸々と肥えた、ふくぶくしいの意味を持つ子供へのほめ言葉だからである。

日常会話で使う時は「うまそい」や「まーそい」「んまそい」などの形で使うケースが多い。かつて、大きな赤ん坊が生まれると、周囲は「うまそい子やのー」とほめそやした。別に人食いの集まりではない。何の皮肉もなく、純粋な心でその大きさに感心するのである。

丸々と肥えた、ふくぶくしい様子を食べ物の「おいしさ」に喩《たと》えて生まれた言い方だろう。大風呂敷を広げたような話は「うまそい話」ともいう。

金沢市大場町東、町方ツルさん（89歳）は四十年以上にわたって助産婦として活躍、千人を超える出産に立ち会った。「大場に住む年配の人たちはほとんど私が取り上げました」という〝地域のお母さん〟みたいな人である。

「うまそい子はお風呂に入れたり、おむつを代える時に手がかかりません。母乳の吸い方もたくましいですよ」という。「うまそい」子に育てるには、河北潟で捕まえたコイやレンコンの汁などを母親に勧め、母乳が出るよう指導した。

大きいことが美徳だった時代である。戦前は「産めよ殖《ふ》やせよ」のスローガンもあった。昭和三十年代初めまで県内でも「赤ちゃんコンクール」が開かれ、体格などを総合的に審査して「うまそい」子を表彰した。

コンクールが廃止になったのは、赤ん坊を比較することの是非が論議され、大きいことは必ずしも良いことではないという考え方が広がったためだ。生活習慣病の低年齢化、スリム化傾向など、子供を取り巻く時代背景は確実に変わった。

鍛え抜いた相撲選手は別として、ふくぶくしい子供をつかまえ、やみくもに「うまそいねえ」とは言いにくい世の中になっている。

ままのうまい人たちとは？

「ままのうまい」という言葉がある。直訳すれば「まま＝ご飯」「うまい＝おいしい」というわけで、「ごはんがおいしい」となる。

この言葉には、二通りの使い方がある。一つは「どんなご飯もおいしい、おいしいと文句を言わずに食べる」という意味。もう一つは「いつも、おいしいご飯が食べられると思っているなんて、ずうずうしい」という意味である。

「ままのうまい人」は、前者だと「気のいい人」となるが、後者の意味では「調子のいい、らくまつ者《もん》」という、逆のニュアンスとなる。

文句を言わずにご飯を食べる人とは、嫌がることでも労をいとわない、何の見返りも期待せずコツコツ仕事するようなタイプを指すようだ。

具体的にはどんな人か。金沢市第一消防団・長町分団の立野善吉・副分団長（62歳）が言う。「我々もいざとなれば仕事を投げ出して現場へ走らなければならない。ままのうまい連中が多いですよ」。加賀火消しの伝統を受け継ぐ義勇消防だけに、危険を恐れない心意気も必要である。このように、自らを指す場合は多少、謙そんした意味になる。

しかし、「あいつぁ、ままのうまいやつやなー」と相手を否定的にとらえるケースも少なくない。たとえば「今晩、片町飲みに行くし、仕事代わってくれんけ。あ、それからお金も貸して」「だーら。そんな、ままのうまい話あるか」というふうに。人生、いつもおいしいご飯にありつける話なんてそうないよ、ということである。

「まま」の語源を調べると、日本国語大辞典に「旨々《うまうま》」との説があった。本来、ご飯はうまいものである。だが、庶民はいつも銀シャリを口にできたわけではない。白いご飯に対する「あこがれ」と「落胆」が、この言葉の二面性に潜んでいるのかもしれない。

城下の誇り？ 校下も方言だった

金沢の地域単位に「校下」がある。小学校の通学区域とほぼ一致し、町会の連合体でもある。社会体育大会や盆踊りなど、社会生活を営むうえで重要な地域共同体となっている。これを共通語だと思い込んでいる人が意外と多い。実は、東京や大阪ではまったく通じない方言である。

通学区域の呼称の方言分布を調べた柴田武東京大名誉教授（東京都在住）によると、「校下」は、金沢をはじめ北陸地方と岐阜県に分布する。東京では通学区域を短縮した「学区」、近畿など西日本は「校区」、名古屋は「連区」、栃木県の一部では「結社」という、いかにも団結力が強そうな言い方が存在する。

「校下」という言葉は明治五年に学制が敷かれて以降、まもなく生まれた。それ以前は、連区制という行政単位があった。「城下町に誇りと愛着を持つ金沢市民が、城下からの類推で造語した可能性がある」とみるのは島田金沢大教授だ。

学区は教育行政上の便宜的な単位だが、「校下」は文字通り、小学校の下である。「子供が日ごろお世話になっている小学校のもとで団結しているという意識、そこに生まれ育った人同士なら竹馬の友のような強い連帯意識も根づいているようだ」（島田教授）。

一方、県外の人たちにとっては「なぜ小学校の下に住民が位置づけられるか分からない」といった反応も少なくない。

大阪府在住の八木正金沢大名誉教授（社会学）は「金沢市民は学校にも伝統と格式を重んじる傾向があるが、教育を核とした住民自治もその表れ。学校があるからこそ、強力な団結精神が生まれた」と、金沢独自の「校下意識」を分析している。

もっとも、この団結精神が教育とは違う分野で威力を発揮する場面もある。いわゆる政党の「校下部会」である。強力な集票マシンとも言われるだけに、政界再編が進んでもなお、各党が互いにしのぎを削っている。

「小学校のもとで団結している組織がなぜそこまで」と転勤族が戸惑うのも、この時である。

涙と笑いと東京暮らし

別れの最後は「もう、いいゲン」

東京港の夜景をライトアップするレインボーブリッジは、カップルの格好のデートコースである。東京で暮らして三年になる金沢出身の女子大生（21歳）の〝悲劇〟はここで起きた。

彼女は東京生まれの大学生と一年近く交際していた。晴海ふ頭の公園で一緒に光のイルミネーションを楽しんでいたところ、突然、別れ話を切り出された。交際が始まってから東京語しか使わず、言葉もファッションも都会の女性に変身したつもりだった。

しかし、沈黙が続いたあとで、自分に言い聞かせるようにこうつぶやいた。

「もう、いいゲン……」

心の中で「しまった」と思ったが、男性はケゲンな顔。すかさず「え、インゲンって何？」と問い返したそうである。

「あの時は気が動転してしまったんです。レインボーブリッジのムードも吹っ飛んでしまうような、あまりにも悲しい失恋でした」。

恋の終わりは、この一言で〝喜劇〟に変わった。金沢弁をひた隠しにしていたから、こんな悲惨な目にあったとも言える。

金沢の若者の間では「ゲン」が新しい方言として急速に広がっていると言われる。このように、東京でも思わず口にしているケースが多いのである。

「金沢弁も、うまく利用すれば武器になる」というのは金沢出身の大学二年生、兼盛玉輝さん（21歳）。ある時、「どこ行くゲンてー」と金沢弁で女性に声をかけてしまったが、「かっわいいー」と意外な反応が返ってきた。以来、女性を「エッ」と思わせる小道具として金沢弁を使うことを覚え、いまでは「どこ行くがー」も使いこなすとか。

「ゲン」は大阪弁で言うと、「そうやネン」の「ネン」とニュアンスが少し似ている。金沢の人が聞くと何とも思わないが、東京の女性にとっては、愛らしい語感として耳に残るのかもしれない。「ゲン」ひとつ取っても、さまざまなドラマが都会で繰り広げられているようである。

金沢弁は東京でどう受け止められているか。この章では、金沢から初めて上京する学生や社会人、今後、東京を目指す人のために、先輩たちの涙と笑いのエピソードを紹介する。

都会のうどんはクドイ!!

金沢から東京に出て、まず気付くのが味覚の違いである。日本舞踊で活躍する斎木麻衣さん（25歳）も最初は戸惑いを隠せなかった。

短大に入学して間もないころ、学生食堂でうどんを注文した。はしを取った途端、口を突いて出たのが「これ、クドイよね」である。しかし、同級生から同調の言葉はない。「クドイ」が東京で通じないことを初めて知った瞬間である。「東京ではそう言わないと冷たい視線で指摘された時は、カルチャーショックを受けたような気分でした」（斎木さん）。

日本国語大辞典を引くと、「クドイ」は人柄や物事のしつこい様子を表す。能登では味全体の濃さ、しつこさを「クドイ」というが、金沢本来の「クドイ」は「塩辛い」の意味で使う。東京では、人柄の「クドサ」と塩辛さが、なかなか結びつかないという。

「味覚の表現は共通語で置き換えにくいものが多い。共通語を使っていても、自分の気持ちをぴったり言い表せず、もどかしさを感じるものだ」というのは加藤金沢大助教授。金沢の似たような言葉に「シオクドイ」もあるが、これも独自の味覚表現だという。

東京・山手線の駅前の立ち食いそば屋で、うどんやそばを注文すると、真っ黒な汁に驚

く。最初の味は確かに「クドイ」。金沢駅の立ち食いそばを食べた時に、ふるさとへ帰ってきたと実感する人は少なくないはずだ。

一般的に東は濃い味、西はうす味と言われるように、味覚も東西対立している。たとえば、日清食品のカップうどんの中には、「東味」と「西味」があって、「西味」のほうが、ほんの少し薄いという。もちろん金沢で売られているのは「西味」である。

このほか、味覚を表す金沢弁には、塩味のうすいことを言う「ショムナイ」もある。「仕様もない」あるいは「塩も無い」の転化とも言われるが、味の濃い東京にあっては「クドイ」ほど使用されることはないだろう。

うどんの黒い汁が、今となっては懐かしいという東京生活の経験者もいる。時が過ぎれば、人気のグルメ漫画のように、「クドイ」味でも「まったりとした」と表現できる日がくるかもしれない。

待たんけで連想したものは？

東京・千代田区の全国都市会館。ここに事務所を構える金沢市東京事務所でこんなやり取りがあった。

金沢市の男性職員が北九州市の女性職員に急用を頼まれた。手が放せず、「ちょっと、待たんけ」と言ったところ、恥ずかしげに「エッ、またの毛?」と問い返されたというのである。金沢の女性なら、何のためらいもなく受け止めたに違いない。

文末に「け」を多用するのが金沢弁の特徴である。このように東京で使うと、予想外の誤解を生みやすい。とりわけ、女性に対してはセクハラにもつながりかねない危険性をはらむ。

たとえば、「あの店、カラオケけ」などと言うと、妙に不思議な語感となり、別のものを連想しやすい。語尾に「け」の付く単語に「け」を続けるのは禁物である。

さらに、若い世代は「○○君、おるけ」を「おっけ」と発音する場合が多いが、「何がOK(オーケー)なの」と会話がかみ合わないこともあるとか。

かつてお笑いタレントの明石家さんまさんが「知っとるけー」を連発するテレビ番組があった。「け」は関西から北陸にかけてみられる語尾である。しかし、関西や福井県と、石川、富山両県とでは使う場面が異なるといわれる。

金沢の場合、「け」に親愛の気持ち、丁寧さを込める。「知っとるか」より「知っとるけ」の方が優しい響きを持つ。これに対して、関西の「け」は、「そうやんけ」のように、下品な部類に属する表現と位置づけられている。京都出身で、転勤族のサークル「わかな会」の川並圭子さん（58歳）も「関西の『け』は若い世代が使う、くだけた言い方です。年配や女性はあまり使いません」と言う。

こうしたニュアンスの違いから、東京では関西出身者より金沢出身者の方が「け」が出やすいと言える。

「東京ディズニーランドへの旅」の一行約三十人が乗りあうバスの中で、東京へ行く高校生らが「東京、何時に着くがけ」「カメラ持ってきたけ」などと語り合う光景がみられた。失敗のないことを祈りたい。

くすぐられて思わずこそがしいー

東京生活に慣れると、次第に金沢弁が抜けていく。金沢出身の大学一年生、今村真さん（19歳）も「東京の言葉には上京して二、三日でなじみました」と順応の早さを強調する。しかし、その自信があっけなく崩れ去る出来事があった。

大学の講義を終えて帰宅途中、友人が突然、体をくすぐってきた。それまで共通語で会話していたはずなのに、思わず叫んだのが「こそがしいから、やめろー」だった。

友人はあ然として「それ、どういう意味?」と問い返した。「こそがしい」も方言だったのである。「不意打ちをくらったような気分でした」という今村さん、とっさの出来事で共通語の「くすぐったい」を思い浮かべる余裕はなかった。

日本国語大辞典によると、「こそがしい」は石川、富山両県でしか使われていない。東京の人が聞くと「小忙しい」、すなわち、ちょっと忙しいという意味を連想するようだ。

金沢周辺では地域によって「こそばしい」「こそばい」「こちょがしい」もある。東京の住人を装っていても、くすぐってみれば出身地が分かるのである。

このように、ふとしたはずみで金沢弁が出るケースがある。今村さん

気づかれにくい方言

地域社会で使われている方言の中には、話している人たち自身が方言だと気づかないで使っているものがある。なぜ気づかれにくいかというと、①意味は一致していないが、共通語にも同じ形がある、②共通語にあたるものがなかったり、あっても使用頻度が少ない、③その地域での通用範囲が広い(地方共通語的)、④学校や公的場面で使われている、などの理由が挙げられる。

金沢ことばでの①の例としては、アタル(もらえる)、ヒドイ(つらい)、カタイ(利口な)などがあり、②の例には、ゴボル(雪や泥に足がはまる)、カゼネツ(口内炎・口角炎)、③の例には、カタガル(傾く)、メモライ(麦粒腫《ものもらい》)、④の例には、～ダイメ(歌の歌詞の～番)、コーカ(学区)、オイデマス(いらっしゃる)などがある。

これらは、方言の共通語化が進む中で、これからも使い続けられる可能性の高い方言と言えそうだ。

の場合、強引に引き出された格好だが、注意しなければならないのは気持ちが高ぶった時である。

学園祭の準備をしていた金沢出身の男子大学生。友人から「もっと一生懸命やれ」と注意されたことに腹を立て、「何、ガッパになってんの」と反発した。「ガッパになる」も「一生懸命になる」という意味の金沢弁だった。

相手の反応は「それ、ドイツ語？」である。「ガッパ」の語感からドイツ語的な発音を感じ取ったらしい。その場は険悪なムードが漂っていたが、方言が出てしまってはけんかにもならない。

さらに、東京出身の彼女に電話しているうちに盛り上がり、共通語で会話していたのに「ちご、ちご」（違う）と繰り返した会社員もいた。よほど興奮していたのだろう。

分かっていても、つい出てしまうのが方言である。ましてや感情的な場面ではとうてい抑え切れるものではない。

一題目、二題目なぜ通じない

最近のカラオケは、機能が多用化し、世代を超えて人気は衰えを知らない。金沢出身者も東京で楽しんでいるに違いないと思っていたら、思わぬ落とし穴があった。大学二年生になった女性（19歳）の、カラオケボックスでの体験である。

友人同士で一曲ずつ順番に歌っていた。次に自分が歌おうとしていた曲を友人が選曲したため、「私に二題目を歌わせて」と叫んだ。友人は「何、その言い方?」と問い返したが、その女性は「二題目、二題目、二題目」とダダをこねるように連呼してしまった。

歌詞を数える「～題目」も東京では通用しないのである。共通語はもちろん、石川、富山両県以外の四十五都道府県では「一番、二番」と表現する。

カラオケ機器メーカーの第一興商も「初めて聞きました。カラオケの歌詞を数えるというより、車の台数を数えるみたいですね」（宣伝部）という。数字を数える言葉を「数量詞」というが、「題目」は数量詞としては一般的ではないようだ。

冒頭の女性にも言い分はある。「金沢では小、中、高校と、その言い方で音楽を習ってきました。学校で使っていた言葉を方言だと思いますか」というのである。

金沢市小学校教育研究会・音楽部会長の浅井喜八郎・米泉小校長はこう説明する。「指導要領で学習用語は吟味されているが、歌詞の数え方までは触れていない。「〜題目」という数え方は私たちの先輩たちも使っていたし、かなり古くから使われていたことは確かだ」。

この地方に「〜題目」という言い方がなぜ定着したか。お題目《だいもく》という言葉にも似て仏教的な背景も感じられる。信仰心のあつい土壌と結び付けて考えることも可能だが、はっきりした理由は分からない。

春休み中、金沢でカラオケに熱中していた高校新卒者も、四月に入って上京してしまった。カッコよく決めようと張り切っている時にこの言葉が出たら……。そろそろカラオケがつきものである歓迎コンパ、花見の季節である。

もみじこがないと言われ…

金沢のスーパーなどで堂々と店頭表示してある食品の中にも方言がある。短大研究生、宝島優香さん（22歳）も「そんな食べ物はない」と何度か言われたことがある。

東京の学生時代、寮で夕食を食べていたが、その日は嫌いなおかずばかり並んでいた。そこで「もみじこ食べたいなあ」とつぶやいた。友人の反応は「それ、もみじの葉っぱ？」であった。

「赤くて、つぶつぶで、魚の卵で」と詳しく説明して初めて「それ、たらこのことでしょ」と言われたという。「もみじこがあれば三日はおかずがいらないくらい好きだったのに、最初にないと言われた時はショックでした」。

「もみじこ」は漢字に置き換えると「紅葉子」である。おそらく真っ赤な色が紅葉を連想させたのだろう。そのものズバリの「たらこ」より、はるかに風流な言葉なのだが、通用するのは北陸ぐらいである。

もう一つ、宝島さんが通じなかったのはお菓子の「かきやま」だった。寮で「かきやま買ってこようか」とオヤツの買い出しに行こうとしたところ、「柿は好きじゃない」と果物と勘違いされた。金沢の「かきやま」は、東京では「おかき」「かきもち」「あられ」などと呼ばれていた。

もっとも、金沢でも「たらこ」や「かきもち」などの言葉は存在している。

スパゲティーの場合、多くが「たらこスパゲティー」であり、「たらこの煮つけ」はあっても「もみじこの煮つけ」はない。金沢市新竪三丁目の大松屋によると、たらこはマダラの大きいもの、もみじこは着色したスケソウダラの卵を指すという。きっちりと使い分けしているのである。

一方、「かきやま」はもち米で作ったお菓子類、「かきもち」は長方形の薄いもちを乾かして、焼いたり揚げたりしたもの、とイメージする人が少なくない。

いずれにしろ、方言と共通語が混在した結果、分かりやすいように意味を分担しているケースと言える。東京で方言と思わずに使ったとしても、だれが責められようか。

とがった鉛筆の先、何て言う?

〝共通語と勘違いしやすい方言〟〝気づかれにくい方言〟を一挙紹介したい。

まずは、さきの宝島優香さん(22歳)の東京でのエピソード。授業中、ノートを取ろうとして「ケンケンの鉛筆ある?」と友人に尋ねたところ、「それ、どんな鉛筆?」と不思議な顔をされた。連想したのは「ケンケンパー」の「ケンケン」だった。

金沢では鉛筆の先のとがった状態を「ケンケン」と表現する人が多い。漢字では「剣剣」であろう。使い慣れている人は全国どこでも「ケンケン」だと思い込んでいるが、こうした擬態語にも地方独特のものが少なくない。

金沢の周辺をみても福井出身者は「ツンツン」、富山出身者は「ツクツク」「チクチク」などと主張する。「ピンピン」「キンキン」なども存在していた。

これは発音の問題だが、「食パン」は金沢では「ショッパン」と発音する。東京では「ショクパン」である。宝島さんは「ショッパン食べよう」と言って「ショッパイもの」と勘違いされたという。

北陸地方で広く使われているため、方言だと気付かないケースもある。金沢出身の大学四年生、今村崇さん（21歳）は棚のかばんが落ちそうになっているのに気がつき、「かたがっているよ」とさりげなく忠告した。しかし、これも通じない。「かたむく」と「かたがる」、形は似ていても、東京ではなかなかイメージが結びつかない。

形の上では共通語的だが、意味だけが違う方言はとんだ誤解を招きやすい。アルバイト先で友人に「バイト料、あたった？」と聞いたら、「どうして、ぶつかるの」「抽選で配るの」と言われる。「あたる」を「もらう」という意味で使うのは東京ではなじまないようだ。

さらに、五百円玉を手にして「お金こわさないと」と言うと「壊したら使えないよ」と返ってくる。東京の両替は「崩す」である。道で転んだ時に「じゃまない、じゃまない」

（大丈夫）と言った時の反応は、「どうして、じゃまなの」であった。

ここまでくると掛け合い漫才の世界である。いずれも日本語の奥深さを実感するエピソードではある。

味わいのひとこと

キトキトのルーツはどこ？

魚のイキのよさを表す言い方に「キトキト」がある。近江町市場でもよく耳にする〝セールス用語〟である。一種の擬態語だが、とれたての新鮮な状態をこれほどぴったり言い当てた表現はない。

「キトキト」はかつて魚以外でも用いられていた。たとえば、夜遅くまでテレビを見ている子供は「キトキトな目ェして」と親から注意された。さらに、活発な人という意味で「キトキトの娘さんや」という使い方もある。

使用範囲は石川、富山両県が中心だが、この言葉のルーツは富山県だと推測する人が少なくない。金沢市八日市三丁目、「きときと寿司」オーナー長田伸夫さん（39歳）も、この名称で最初の店を出したのは氷見市だった。「向こうの発音は『キットキト』となるが、確かに氷見では頻繁に使われていた」。

氷見には「キトキト」を冠にした行事も多い。定置網の新鮮な魚を使った「キトキト鍋」、氷見ゆかりの在京者らが中央で観光ＰＲする「きときと魚大使」はすっかりおなじみとなった。

「キトキト」の発祥が氷見かどうか確認できないが、東京でも「キトキト＝富山」のイメージが広がっていることは間違いない。東京で流れた富山県の観光CMで「キトキト」という言葉が登場したこともある。富山出身の女優、室井滋さんが出版したエッセー「キトキトの魚」で一躍、全国区の言葉となった。

こうした活発な〝キトキト戦略〟が、この言葉を富山弁だと思わせているようだ。もっとも、観光のキャッチフレーズとして登場したのはここ数年のことである。

加藤金沢大助教授はこんな見方をしている。「金沢でも古くから使っていたという事実、言葉の伝わり方などを考慮すると、キトキトが富山で生まれて金沢に広がったとは考えにくい。魚のイメージ戦略とうまく結び付いた結果、富山の専売特許のような印象を与えたのではないか」。

こうなると金沢から富山に伝わった可能性が高いが、全国に発信した貢献度という点では富山に軍配をあげざるを得ない。

身ぐるみはがれてバクチコキ

近江町市場に「バクチコキ」がいた。「バクチ」とは「博打」のことであり、「コキ」は「理屈コキ」の「コキ」、すなわち、賭事《かけごと》に熱中するタイプである。

それも、いつも負けてばかりで、身ぐるみまではがされる。魚の「カワハギ」のことだった。市場関係者の間では単に「バクチ」と呼ぶ人も多い。

カワハギの皮は厚いため、それを取って丸裸にしないと料理できない。「カワハギ」という名の由来である。人間の「バクチコキ」も負けが続くと同じ運命をたどる。「バクチコキ」は魚を擬人化した比喩《ゆ》表現なのである。底引き漁を営む金沢市金石西一丁目、小川隆さん（52歳）は「暮れには値が上がるが、正月はぐっと安くなる魚だった。正月早々、身ぐるみはがされるということで縁起が悪いと思われていた」と言う。

日本方言大辞典によると、福井県や香川県にも存在しており、鳥取県は「バクチウオ」である。金沢では戦前から使われていた言葉だが、近江町市場では次第に使用頻度が減ってきた。「ギャンブル」という表現が「バクチ」に取って代わったからだ。

「昭和四十年代まではお客とのやり取りもバクチで通用したが、今では年配でないと分からない。市場の若い世代では、ストリップという言い方も出てきた」と忠村水産の山口安希雄常務（53歳）。丸裸になるからストリップ、これもユニークな表現である。

もっとも、ストリップしないカワハギも目立つようになった。市場内の水槽で皮をつけたまま悠々と泳いでいる。「バクチは値段が安く、二束三文の魚だったが、最近では生きたまま港から運ばれ、活魚として見直されている。肝臓もうまいし、刺し身にすると結構いける」（山口常務）。

そう言えば、金沢を中心に北陸でみられる「ゲンゲンボー」もグロテスクな形から漁業者しか食べなかったが、最近では料亭にもお目見えするようになった。細長いクニャクニャした形から「クニャラ」と呼ばれ、軽視されてきた魚である。

昨今のグルメブームが魚の価値を高めたらしい。このまま高級魚扱いされていくと、軽々しく「バクチコキ」とか「クニャラ」と呼べなくなるだろう。

鏡花、犀星も悩んだコウバコ

金沢を代表する味覚といえばズワイガニである。山陰地方では松葉ガニ、福井県では越前ガニと呼ぶが、図鑑にも載っている学術名はズワイガニである。

雌については学術名がない。サバやアジ、エビなど海の生物は本来、雄も雌も同じ呼び名である。しかし、ズワイガニの場合、雄と雌では大きさの違いが際立っており、単に「雌ズワイ」と片づけにくい一面がある。このため、福井県では「セイコ」、山陰では「親ガニ」、関西では「コッペガニ」など、地方によって通称が存在している。

金沢ではご存知の通り、「コウバコ」あるいは「コウバク」である。さて、その語源だが、これに関しては近江町市場内でも説が分かれる。

「先祖の言い伝えでは、高貴な人が食べたから香箱という漢字を当てた」というのは島田水産の島田弘社長（50歳）。日本海の香りが詰まっているという点でも説得力がある。

一方、山口忠村水産常務（53歳）は「甲羅の中の子が真っ赤で爪などは白い。その対照的な色合いから紅白となった」と推測する。

「香箱」と「紅白」、おおよそこの二種類が考えられるようだ。こうした論議はかなり以前からあり、金沢が生んだ文豪たちも思いを巡らせていた。

泉鏡花は昭和二年の作品「卵塔場の天女」の中で、「香箱」と「紅白」に言及しているほか、「朱色の子が美味であり、子をば食うカニか」と、「子をば食う＝コウバク」説を展開する。

さらに、室生犀星も目の前に「コウバコ」を並べ、「定まった漢字がないのならわれわれで考えよう」と友人たちと論議した。その結果、「香箱」をひとひねりして「香筐がいいじゃないか」とまとまったという。

漢字を類推すると以上の通りだが、もともとあった金沢の方言をあてはめたという説もある。日本方言大辞典によると、金沢、富山の方言として「コウバク」があり、「子供の利口なさま」「ませている」という意味になる。

いったいどれが正しいのか。郷土の文豪も悩んだ語源は、日本海の深みに潜む「コウバコ」の生態さながら、なぞに包まれたままである。

ハベンとカマボコ違い分かる？

犀川沿いの石川県中央児童会館前の公園では花見真っ盛り。失礼を承知のうえで、それぞれ自慢の〝花見弁当〟を拝見させていただいた。

「わたしゃ、イモノコが一番やねえ」というのは近くの福祉施設から訪れた高村真澄さん（82歳）。ハシで取り上げたのはサトイモである。「イモノコ」という言い方、石川、富山などで使われているらしい。「イモの頭があって、その回りに小さいイモがいっぱい付くからイモノコじゃないかねえ」（高村さん）。

別のお年寄りからは「祝宴に欠かせないのは、やっぱりベロベロでしょう」と四角い寒天を示した。寒天を煮とかして薄いしょうゆ味をつけ、卵を混ぜて固めたものである。「ベロベロ」は擬態語だが、「エビシ」とか「エビス」「エベス」と呼ぶ人も多い。

場所を移し、子供が同じ幼稚園に通っているママさんグループ。おかずで盛り上がったのはカマボコの呼び方だった。

金沢市城南二丁目、越川雅絵さん（32歳）は「カマボコは昔からハベンと呼びます。金沢独特の言い方です」という。「富山でも使う」と高岡出身者は反論したが、大阪や名古屋出身になると「何それっ」という表情である。

日本国語大辞典によると、「ハベン」はハンペンの変化した形。金沢ではカマボコの総称である。若い世代では、厚い板のついた種類をカマボコ、ついていないものを「ハベン」と使い分けする人もいる。これは、方言の「ハベン」と共通語のカマボコが共存した結果、意味を分担したと考えられるが、そうした人たちも薄い板のついたものは「ハベン」と言うらしく、少しややこしい。

この「ハベン」の薄い板は金沢独自のものらしく、県外出身者に言わせると「カマボコの板は分厚いのが当たり前」だそうである。

「分厚い板は経済的でない」「薄くても板があれば見栄えがする」などの説があるが、金沢市西念町の兼六蒲鉾《かまぼこ》本舗は「板に切れ目が入れられるため、多少手が汚れても板をつかんで食べることができる。花見シーズンには手軽でもってこいだ」という。

金沢の「ハベン」は単なるカマボコではない。薄い板一つとっても奥が深いのである。

キノコ狩りと違うコケ採りの心構え

金沢市横川二丁目、此下鉄男さん（66歳）の小学校時代のエピソードである。

先生が「背中にコケがはえたヤマタノオロチを書いてほしい」と指示した。クラスの全員が描いたのは、背中にキノコが生えている大蛇だった。

こけむしたヤマタノオロチなら迫力満点だが、背中にマツタケが生えている姿は何とも漫画的である。「先生にはえらい笑われましたが、我々がコケで真っ先に浮かんだのは、今でいうキノコでした」（此下さん）。

このように金沢の「コケ」はキノコの総称である。キノコ狩りは「コケ採り」、毒キノコは「クソゴケ」と言う。使用範囲は北陸三県と新潟、岐阜県などで、それ以外の地域で「コケ」と言えばゼニゴケなどの蘚苔類《せんたい》である。

名古屋出身の徳田真由美さん（36歳）も「金沢へ来てコケ採りという言葉を初めて聞いたとき、あの緑色のものをどうやって食べるのか一瞬、不思議でした」と言う。

「コケ」の語源に関しては、古事記に「木毛」という言葉が出てくる。もともと木に生えている小形の植物の総称だったらしい。一方、キノコの語源は「木の子」であり、これも木に生えるという意味で発想は同じである。

「キノコはもともと日本の一部で使われていた方言だが、昭和三十年代に文部省の学術用語となり、学校教育にも用いられるようになった」というのは石川きのこ会の池田良幸会長。このころからキノコが全国に普及したと考えられる。それなのに、いまだに金沢で「コケ」が根強く残っているのはなぜか。

「秋になるとコケの夢をみた」というほど、かつてはコケ採りに熱中していた金沢市片町二丁目、吉川敏子さん（61歳）はこう説明する。「図鑑もない時代では、先祖から伝え聞いた知識で食用と毒ゴケの区別をしていました。それでも子供のころは、家族そろって枕を並べて寝込んだこともあり、一歩間違えば命にかかわるものでした。手軽なキノコ狩りとは、本質的に心構えが違います」。

ハイキングがてらのキノコ狩りとは一線を画す、そのこだわりが「コケ」という言葉の生命力の強さにつながっているようだ。

いなりうどんは稲荷信仰の表れ？

金沢出身の会社員が大阪の店で「いなりうどん」を注文したら、いなりずしと、うどんが出てきたという。

金沢の「いなりうどん」は独自の表現である。東京や大阪、福井県などでは「きつねうどん」になる。この会社員はおそらく、キツネにつままれたような気分だったろう。

油揚げはキツネの好物であり、キツネは稲荷神社の使いである。そこで「油揚げ＝きつね＝おいなりさん」となるが、金沢を中心とした石川、富山の一部地域にだけ「きつね」ではなく「いなり」が定着したのはどうしてか。

まず、金沢の「いなりうどん」と他の地域の「きつねうどん」は油揚げの形が違う。金沢の「いなり」は、味つけせずに短冊形に切ったもの、「きつね」は甘煮で大きいものである。金沢のような「いなり」は関西にも存在しており、「きざみうどん」と呼ばれる。

金沢でも「きつね」との違いを明確にする必要があったとも考えられる。

さらに、石川県麺《めん》類食堂環境衛生同業組合の小林巳之一専務理事はこんな説を紹介する。「いなりの方が直接的に、稲荷信仰を連想させるので、信仰心のあつさが関係しているのではないか。稲荷には商売繁盛のご利益があり、そうした思いを託した可能性もある」。「油揚げ＝いなり」は単純な発想であり、もしかすると深い意味はないかもしれない。ただ、「きつねうどん」という言い方が共通語的に普及している中で、金沢が今なお「いなりうどん」にこだわっているのは、食文化の土壌を考えるうえで興味深い。

一方、「たぬき」はどうか。揚げ玉が一般的だが、金沢では「きつね」にあんかけをのせたものを本来は「たぬき」と言う。加登長総本店の吉田捷子さん（52歳）は「観光客の方がたぬきを注文したら、あとで苦情がないように必ず金沢のたぬきを説明している」と言う。

関西では油揚げをのせたものでも、そばなら「たぬきそば」に変わり、うどんかそばかが使い分けの基準になる。もともと「たぬき」は「きつね」に対抗するための名称で、あんかけや揚げ玉に直接結びつくものではないようだ。

狐狸《こり》の世界は、やはり面妖このうえない。

ミイデラは坊さんのビーフステーキ

おでんの定番、ガンモドキの言い方に「ミイデラ」がある。金沢市内の豆腐製造業者の間では「ミイデラ」というお寺のお坊さんが普及させたという説がある。本当かどうか、滋賀県大津市の園城寺（通称三井寺）に電話で聞いてみた。

この寺には「三井寺どうふ」という精進料理が古くから伝わっていた。豆腐の中に、キクラゲ、ニンジン、ゆばなどを混ぜ、立方形に切ったものである。「いわば坊さんのビーフステーキ的な存在。栄養価を重視しており、今でも要望があれば作ることもある」と執事長の滋野敬淳さん（69歳）。

作り方や中身の具は異なるが、何となく「ミイデラ」と似ている。金沢の「ミイデラ」を説明すると「お寺の者が藩政期に加賀を訪れて三井寺どうふを作り、それが金沢方面でミイデラになった可能性が強い。我々の精進料理がガンモドキの源流だと思っている」と言う。

金沢では、仏事の時に用いるのは「ミイデラ」、それ以外はガンモドキと明確に区別している家庭もあり、「ミイデラ」の本家は三井寺という説は信ぴょう性がある。

もう一つ、ガンモドキの別称としてヒロズ（あるいはヒローズ）がある。おでんは関西では関東煮と呼ばれ、昔は味の東西対立がはっきりしていたが、タネについても東のガンモドキ、西のヒロズと分けられるようだ。

ヒロズはヒリョウズの変化した形である。ヒリョウズを漢字で書くと「飛竜頭」となる。丸富豆腐社長、川道雅夫さん（59歳）によると、豆腐の中に入れる具ひとつ一つが「飛竜頭」の意味を担っている。ギンナンは目玉、レンコンはろっ骨、ニンジンは赤いから臓物、ゴボウはヒゲ、表面の中心部にゴマがあれば、それは竜の頭の毛だという。ただ、ヒリョウズが中世末期にキリスト教布教のために日本にやってきたポルトガル人宣教師が伝えたポルトガル語 filhos に由来することを知る人は少ない。

東京の石川県観光物産東京案内所は「東京のガンモドキはキクラゲとニンジンぐらいしか入っていないが、金沢のは具がたくさん詰まっていて、全国のガンモドキの中でも評価が高い」と教えてくれた。

金沢では現在、ガンモドキやヒロズが普及しているが、ボリュームたっぷりの「ミイデラ」の伝統はしっかり引き継いでいると言える。

この世界あの界わい

気取らないまいどさんの仲

「四百円のタケノコ、少し安ならんが」「うーん、だちゃかん（ダメ）」「二本で五百円は?」「ムチャクチャ言いまさんな」。買物客でごった返す週末の近江町市場でこんな会話が聞こえてきた。

このように飾り気のない金沢弁が飛び交うのが近江町である。「金沢弁だけでない。外国人がニンジン買いに来たら、プリーズ、キャロット。大阪の人なら、オオキニや」と今村商店の今村清さん（61歳）は威勢がよい。お客との軽妙なやり取りが近江町の活気を支えているようだ。

「こんにちは」の意味で「まいどさん」という金沢弁がある。日常会話ではあまり使わなくなったが、近江町では今も商いの言葉として定着している。鮮魚店では「まいどワイ」「まいどアイ」という言い方もあり、語尾を締めるように発音する。

「この仕事はリズム感と勢いが大切だ。長ったらしくしゃべってると、イキのいい魚も腐ってしまう」と言うのは忠村水産の忠村喜吉社長（69歳）。日常会話にも鮮度が求められるというわけだ。近江町の包丁は「ホウチャャ」であり、「ホウチャャ持ってこい」と店員同士、小気味よい会話が交わされる。

しかし、独特の言葉使いが時代の流れによって新たな問題を抱えるようになった。観光客が増えたことから、言葉をめぐるトラブルが生じている。近江町市場商店街振興組合には「言葉使いが乱暴」「この貧乏人、と言われた」と苦情が寄せられることもあり、こうした〝舌禍事件〟は組合側にとっても悩みのタネだ。

「気心しれた客を相手にしているうちは気取らない言葉でよかった。しかし、観光客にも同じ言葉を使えば、親しみを込めたつもりでも、意思が伝わらない場合がある」と同組合の前多正事務長。

かといって、「まいどありがとうございます」とデパートのような言葉で応対しようものなら市場のにおいやリズムが失われてしまう。〝市民の台所〟と観光地という二つの顔をいかに両立させていくか。接客言葉の在り方も課題の一つとして浮上している。

親しみの限界？　わりゃくさん

「庶民性」「意気のよさ」と「やんちゃで汚い言葉」は紙一重である。そのため、近江町市場では客とのトラブルが生じやすいことは先に触れた。昔を知る人に言わせるとこんなすさまじい言葉も飛び交ったという。

「えーいな、わりゃくさん、買《こ》うがか買《こ》わんがかい」「カアカ、これ買《こ》うていけま」

近江町にまだ観光客が訪れていなかったころのお客とのやり取りである。

「わりゃくさん」は、怒鳴ったり、勢いづいた時に出る言葉だが、耳慣れない人は何を意味しているかよく分からない。「わりゃ」はお前、「くさん」は貴様。言葉の上では「お前さん、買うのか、買わないのかはっきりしろよ」「奥さん、これ買っていけよ」とお客に迫っているわけだ。

「昔は毎日、えげつないほどのケンカもあった。イサバ（魚市場）の伝統から、やんちゃな言葉が意気のよさにつながると考える風潮があった」と忠村水産の忠村喜吉社長。

それも相手と心が通じているという前提があったからで、若い衆の中にはそれをはき違えてしまう者が出て、客を怒らせるのである。

こうした対面商法が、今は優しく、こんな具合になった。

「カアチャン、何ほしいがや」。これでムッとするようではいけない。しかしデパートで「奥さま」「奥さん」に慣れている人や観光客の中には見下されたと思うのか、「カアチャンなんて下品な言い方しないで」と不機嫌になった女性も実際にいたらしい。

近江町の店員の中には「奥さまなんて歯の浮いたことは言えない。観光客も、ここの習慣に合わせるべきだ」と主張する向きもある。こうした乱暴さは、客を見下しているわけではない。よく言えば親しみの裏返しなのである。

近江町では四十代までは女性の大半が「ネエサン」だ。「おばさん」などとは決して言わない。男なら「アンチャン」や「オアンサン」。

近江町の人たちはフェミニストと言ってよいほど「照れ屋」なのかもしれない。金沢弁はおっとりしていると言われるが、そればかりではない荒々しい一面を見せるのもそのせいだろうか。

荒々しさをへいろく精神のユーモアで包み

「さあー、夕方やさかい、安しとくぞ」。近江町市場の相場は夕方になると下がり、ときには気前のいい捨て値も飛び出す。その日の商いが大詰めを迎える時間帯である。

随筆家の千代芳子さんは、かつて近江町でこんな言い方を聞いたことがある。「だんだん下がる乳母《おんば》さの月給じゃ」。月給は年月とともに上がるのが普通だが、乳母はその反対で、赤ちゃんが大きくなるにつれて、お乳を必要としなくなって給料が下がるからだという。

「昔は売り文句一つとっても聞きほれるぐらいユーモアと含蓄がありました。荒々しくても、筋の通った全体の雰囲気がそれを許容していたような気がします」（千代さん）。

金沢市尾張町一丁目の小間井菊栄さん（80歳）は「近江町と言えば、へいろくな人の集まりでした」という。金沢弁の「へいろく」は「こっけい」という意味である。ひょうろく玉の「ひょうろく」は「表六」「兵六」の漢字を当てることから、「ひょうろく」の発音が変化したものかもしれない。「へいろくな人」はあくまで地域のエンターテイナーであり、ほめ上手で例えが絶妙、たいていエッチな話題が豊富である。お客を引きつける呼吸も知っていた。

魚を買おうか迷っている主婦がいたら、店の奥からそっと魚を差し出し、「今晩、家で食おうと思ったもんや。カアチャンは特別や。分けたるわ」と声をかける。店頭に並んでいる魚とまったく同じでも、その一言がお客を買う気にさせるのである。

金沢に寄席があった時代、近江町の人たちはそこへ通って、漫才や落語の話術から笑いのコツを身につけた。近江町市場商店街振興組合では、過去に金大落語研究会を招いた勉強会を開いたこともあるという。

「酒の大沢」の大沢健雄社長（61歳）は「商いはアキさせちゃいかん。物売りする前に、言葉で商品の情報を売る。きたない言葉なりに、商品の見定め方を提案してあげることが大切だ」と指摘する。

近江町伝統の荒々しい金沢弁を大事にしながら、ときには「へいろく」精神のユーモアで包み込む、そんな雰囲気づくりが必要なのかもしれない。

長いこってに茶屋街の気配り

作家の藤本義一氏が京都の茶屋街の言葉について「柔らかいが、まわりまわって残酷にグサリとえぐってくる」と指摘したことがある。「まあ、生きておいやしたんか、フーさん」と言われたそうである。

金沢の主計町《かずえまち》茶屋街ではそんなことはない。久しぶりのお客が顔を見せると「あら、長いこって」と迎えてくれる。

「長いこって」は「お久しぶりね」という意味だが、再会の気持ちを時間の長さによって表している。他の物事にかこつけて、ある意味をほのめかすことを「寓意《ぐうい》」というが、

これも一種の寓意表現である。

料亭「一葉《ひとは》」のおかみさん、柄崎良子さん（80歳）は「しばらくお顔を見れなくて寂しかった。お会いしたかったという気持ちを込めています」という。いわゆる、一日千秋の思いである。

近江町市場の金沢弁を〝動〟とするなら、茶屋街は〝静〟である。お客が帰る際には「お静かに」という言葉もある。ご無事で帰ってほしいという、これも寓意表現の一つである。「長いこって」や「お静かに」は日常のあいさつ語だったが、最近はめっきり聞かなくなった。それが茶屋街で今も息づいているのは、いつの時代も変わらぬ浅野川の流れと古い街並みがそこにあるからだろう。

「長いこって」には茶屋街独自の使い方もあった。本来、しばらくぶりの客に対する言葉なのに、前日訪れた客にもそう言う。他の場所で使うと「何いうとる、きのう会《お》うたんに、もう忘れたんか」としかられそうだが、茶屋街ではこれが自然の会話である。

柄崎さんの娘さん、たか子さんはこう言う。「お隣の座敷にだれが来ているか、お客さんがいつ来たのか、そうしたことを漏らさないのが客商売の礼儀。きのう来たことを回りのお客に知れると都合の悪い場合もあるでしょ」。

こう考えれば、京都の「生きておいやしたんか」も相手の立場を配慮した言い方なのかもしれない。

洗練された接客言葉は、茶屋街から聞こえる三味の音と溶け合い、訪れる人を艶やかな世界へいざなってくれるようだ。

接客の現場で息づくあそばせ言葉

浅の川園遊会のプレ祭として、主計《かずえ》町と東の茶屋街でお座敷体験があった。女性の姿も目立つ昼の宴は、おかみさんの「お上がりあそばせ」の言葉で始まった。

このような「あそばせ」を用いた言葉使いを「あそばせ言葉」と呼ぶ。かつて「あそばせ」は、詩歌や管弦、舞など宮廷のたしなみを指す言葉だったが、室町時代以降、用法が広がり、「して」という意味の尊敬語として使われるようになった。

「日本であそばせ言葉を残す数少ない町が金沢だ。今も接客の現場で生きているという点で、金沢言葉の代表としてもよい」というのは島田金沢大教授である。

もっとも、隣の富山県西部では、あそばせ言葉が庶民の生活の中で生きていて、農作業をしている人のそばを通りかかったときの挨拶言葉「おあがりあそばせ」のような形で使われている。

お座敷体験でも、芸者衆が食事をすすめる際には「おはしをお取りあそばせ」という言葉が自然に出てくる。直接、「召し上がれ」と言わない、婉《えん》曲表現である。宴が終わり、格子戸を出ると、今度は「いらしておいであそばせ」である。一瞬、客を迎える時の言葉に思えるが、帰ってまた来てくださいという意味になる。

こうした「あそばせ言葉」の中で、「おいであそばせ」は「おいだすばせ」と変化した形も聞かれる。

作家の井上雪さんはいう。「あそばせ言葉は女性特有の敬語だと言われますが、呉服屋の男性が使うのを聞いたこともあります。女性を相手にする職業だからでしょう。柔らかで相手の立場にたった、あそばせ言葉には金沢の文化と風土性が深く根ざしているような気がします」。

東京の山の手でも「あそばせ」言葉が存在しているが、話し手によっては、ことさら上品ぶって聞こえる場合もある。主計町や東の茶屋街の「あそばせ言葉」が心地よく耳に入ってきたのは、そこを流れる浅野川が「おんな川」と言われるせいだけではあるまい。

方言みやげ、観光客の人気はいま一つ

ゴールデンウイークの人出であふれる兼六園のみやげ物店。最近の売れ筋の傾向は「かわいいもの」「おもしろいもの」である。

金沢弁を紹介した、いわゆる〝方言みやげ〟の売れ行きはどうか。兼六園をはじめ長町武家屋敷群、忍者寺周辺を歩いて初めて、金沢には方言みやげが意外と少ないことに気付いた。

兼六園・清水亭の清水一郎さん（62歳）は「昔は方言を紹介した絵はがきやのれんなど種類が豊富だったが、最近では問屋が作らなくなった。今では一つも置いていない」という。兼六園周辺を歩いても、方言みやげとして湯飲み茶わんが二種類、のれんが一種類見つかっただけで、まったく置いていない店の方が多かった。

ちなみに湯飲み茶わんに書いてあったのは「あんやと（ありがとう）」「だんない（大丈夫）」「ちょっこし（少し）」「あんか（息子）」「ほうやろう（そうだろう）」など。中には「べやさ（お手伝いさん）」のように死語に近いものもあった。

ある店では「同じ言葉なら、金沢弁よりこっちの方が売れる」と言って、「根性」と書

かれたシャモジを指し示した。中高生に根強い人気があるらしい。

かつてみやげ物というと、その土地にしかないもの、名産品を買い求めるのが普通だったが、最近では買い手の〝若年化〟〝没地域化〟が進み、みやげ物に金沢の地域性を求めるというこだわりが少なくなった。若い世代は観光みやげもファンシーグッズの一つという感覚だそうである。

もっとも、全国的にみると、東北や京都、山陰、九州などの観光地では方言みやげは実に多彩である。日高貢一郎大分大助教授の調査によると、宮崎県の観光地では、のれん、湯飲みをはじめ、コーヒーカップ、キーホルダー、ちょうちん、Tシャツなど、方言を取り入れた商品が四十種類以上も存在していた。

「方言も旅のおみやげ」と言われるが、金沢弁はまだその域に達していないようである。

城下町の雅と結びつかず

金沢に方言みやげが少ないのはなぜか。みやげ品製造の大手、エイコー・高山営業所（岐阜県高山市）は「金沢の方言は全国的にみても知名度が低い」と指摘する。

実際、方言みやげの種類が多いのは、青森、岩手、山形、京都、高知、鹿児島など、昔から言葉がユニークとされている地方である。

知名度が薄いせいか、金沢を訪れた男性の観光客がこんな印象を語っていた。「京都と京都弁、名古屋と名古屋弁はイメージが合うが、金沢では街のイメージと言葉に落差がある。特に金沢の女性は美しいが、言葉使いはきれいだとは言いがたい」。

「どこいくが」「何食べるがけ」など会話の途中で出てくる「が」が耳障りだというのである。

言葉のイメージは多分に主観的な要素が入るものだが、こうした印象はあまりうれしいものではない。加藤金沢大助教授は「金沢の言葉の情報が乏しいために、観光客は架空のイメージを抱きやすい。小京都というイメージから言葉もきれいだと思い込みがちだ」という。

方言コンプレックス

明治時代後半から戦後しばらくまで、「方言撲滅・方言矯正」のスローガンとともに全国で推し進められた標準語教育は、地方の人々に、方言は汚いことば、悪いことばというコンプレックスにも似た意識を植え付けた。そして、1960年代からのテレビの普及が、方言の共通語化(方言の衰退)に拍車をかけることになった。

1980年代以降、方言の見直しが進む中で、全国的に見て、金沢を含む北陸地方の人々の方言コンプレックスの強さが指摘されている。これは、北陸という地域の知名度の低さなどに起因する地域イメージと表裏一体の関係にあると言えそうだが、金沢ことばの場合は、北陸の中核都市、加賀百万石の城下町としての良好な都市イメージと方言イメージの間のギャップもその要因の一つと考えられる。

さらに、金沢に方言みやげが少ない理由として、加藤助教授は売り手の意識にも着目する。「金沢が観光の売り物にしているのは、伝統工芸をはじめ加賀百万石の雅《みやび》な世界。一方、方言は庶民の世界であり、この二つは矛盾する。このため、金沢の言葉を売ろうという意識が希薄なのだろう」。

方言による町おこしを進めている山形県三川町役場に聞くと、全国方言大会や方言セミナーなどのイベント、方言を取り入れた商品も豊富にある。「我々の町はPRするものが何もない。それならば、ふるさと文化である方言を全国に発信したい」（同町企画係）という。金沢とは断然、意気込みが違うのである。

市民ガイド奮戦、相手の方言引き出す

ゴールデンウイーク期間中、金沢の観光地に「まいどさん金沢」と書かれた黄色いジャンパーが登場した。市民による観光ボランティアガイド「まいどさん」である。

志賀紀雄金沢市観光課長は「形式ばった言い方でなく、ふだんの言葉で案内することによって、観光客に金沢の旅情を満喫してもらいたい」と趣旨を説明する。金沢弁をアピー

ルする絶好の機会でもある。

ガイドが長町武家屋敷群の一角に待機し、観光客の希望に応じて案内して回るシステムである。メンバーの一人、金沢国際交流財団事務局長の米尾貞夫さん（62歳）に同行した。

「この塀の高さは禄高《ろくだか》によって違《ちご》うわけです」「石積みにも格式が分かるがになっとるがです」「この家も、こっで大きい家ですわね」と、こんな具合である。若いバスガイド嬢とはかなり趣が違う。

一方、広告代理店支店長の芳野哲夫さん（57歳）は玉石を説明する際、「このイシナは……」と言いかけ、「イシナとは、金沢で石ころのことです」と説明を加えていた。

なにぶん素人集団である。最初は女性二人が組んで案内する姿もみられ、「今の説明、違《ちご》うけ」「おうとるんじゃない」と心もとない場面もあった。しかし、その気取らなさが、かえって地元住民に接しているという印象を植えつけるようだ。滋賀県長浜市、西浜博さん（58歳）も「土地のなまりを聞くと親しみがわき、思い出も深まります」と話していた。

ガイドが面食らう場面もあった。方言で案内すると、相手も打ち解けてしまうのか、方言で応対してくるのである。金沢市里見町、権田幸雄さん（62歳）は「福岡の人が九州弁で質問してくるんですが、聞き取れない部分があって弱りました。三回も聞き返すのは失礼かと思い、分かったふりをしていました」と苦笑する。

別れ際、覚えたての金沢弁で観光客からこんなあいさつが飛び出した。「どうも、お気の毒でした」。「気の毒な」と言いたかったのだろう。来日したばかりの外国人が話すような日本語だった。

方言の語りかけで血圧下がる?

東北大附属病院の医師がかつて「方言の語りかけによって患者の血圧が下がった」と指摘していた。方言も〝精神安定剤〟の一つだというのである。患者は健康な人に比べて精神状態も不安定である。何気ない言葉でも心理的な影響が大きいのだろう。

金沢大附属病院看護部では過去に金沢大の国語学者を招いて、言葉使いの研修会を開いたことがある。「共通語がていねいな言葉使いだと勘違いしやすいですが、場合によっては、よそよそしい印象を与えることもあります。親身な気持ちを伝えるには方言が効果的ですね」(毛利駒江副部長)。

とくに地元のお年寄りの場合、回診で「おばあちゃん、どうしましたか」と共通語で言うより、「ばあちゃん、どうしたん」と語りかけた方がリラックスする。診察でも「腰掛けて下さい」より「まあ、座《すわ》んまっし」の方が不安を感じないという。

「病院血圧」「白衣血圧」という言葉がある。病院で血圧を測ると、通常の数値より十以上は上昇すると言われる。病院がそれだけ緊張を強いられる場所だからであろう。

老人保健施設・春日町ケアセンターでは療養者がお年寄りであるため、方言が日常会話である。橋典孝・相談指導員は「職員と患者の関係は、ともすれば強弱の関係になりがち。家族的な触れ合いを求めている人には、方言が信頼関係をつくる」という。

同センターの若い職員はお年寄りの影響を受けて「座る」を「ねまる」と言ったり、同世代の女性よりは確実に古い言葉を駆使するようになっているとか。

しかし、方言がマイナスの場面もある。東京から転勤したばかりの女性がこんな感想を漏らしていた。「ある病院に入院したとたん、まわりが方言ばかり話しているので、孤立感にさいなまれました」。ただでさえ不安な心持ちであれば無理もない。

「白衣血圧」とは逆に、白衣を見て安心するタイプもいる。こうした患者にとっては白衣は「権威の象徴」であり、くだけた方言より共通語の方が良いケースもある。言葉使い一つとっても、医療の現場では重みが違うのである。

世代を継ぐナンナさんの心

京都の真宗大谷派・本山から金沢東別院に着任した梨谷哲栄輪番がしみじみと漏らしていた。「金沢には真宗という肥料が土壌に深くしみ込んでいる。それを実感するのが人々の何気ない言葉使いです」。

たとえば、仏前に供えるご飯を指す「おぼくさん」。仏壇のある家庭なら、若い世代でも耳慣れた言葉であろう。漢字では「御仏供」、「おぶく」が本来の読み方である。それが変化して「おぼく」となる。「おぼけさん」「おぼきさん」という人もいる。

「京都では単に『ぶっけ』という場合もある。さん付けするのは、それだけ親しみを持って受け止めている表れでしょう」(梨谷輪番)。親鸞聖人の忌日に行う「報恩講」は「ホンコさん」というように、金沢では仏教用語に「さん」をつけるケースが少なくない。

その「おぼくさん」、かつては意外な場面でも使われていた。野球でバッターが凡フライを打ち上げたとする。野手は手を広げて「おぼくさんや」と声を上げる。「いただき」という意味になるそうである。

「おぼくさん」が世代を超えて浸透しているのは、仏壇を中心とした家庭生活の影響が大きい。おばあちゃんが子供を仏壇に連れていくときには「ナンナさんにお参りしよう」という。「ナンナさん」は子供だけに使う育児語である。語源については「南無」からきた可能性があるが、はっきりしない。

全国的には「ノンノンさま」という表現もあり、これは仏教の童謡にも出てくる。金沢では「ナンナさん」という言葉で、子供なりに仏の世界を理解してきたのである。

この「ナンナさん」も別の意味で使うケースがある。母親が月を指差して「ほら、ナンナさんや」という。人間の力を超えたものは、仏と同様、崇拝の対象とみなしたのであろう。

こんな言い回しもある。「あの子、ガキがおときについたように食べとる」。「おとき」は「お斎」、法要で出る食事である。「ガキ」は、常に飢えの苦しみに悩まされる仏教用語の「餓鬼」である。ガツガツいやしい食べ方を意味する。こんな言葉が生活に溶け込んでいるのも真宗王国といわれるゆえんであろう。

犯罪捜査にニサはつきもの？

深夜、警察の当直に110番通報が入る。「あの店の男が犯人らしい」。刑事は血相を変えて飛び出すが、現場に着いてシロだと分かる。そんな時、ため息まじりにこんな言葉が出る。「また、ニサやったか」。

犯罪捜査では外部に対して秘密を守るため、警察独特の隠語が用いられる。「ニサ」もその一つである。ウソの情報、もっと幅広い意味では筋違いの展開を指す。調べるうちに矛盾が出てきて「どうも、ニサくさいな」と捜査が行き詰まる場合もある。

富山県警察学校の関口龍雄校長は「虚偽申告はヒヨリ（日和）と言うが、ニサは使わない」、福井署刑事庶務課も「初めて聞いた」という。どうやら石川の警察独自の隠語らしい。広域犯罪に備え、北陸三県警が人事交流しているが、「ニサくさい」とつぶやくと、他県の刑事は「どんな、においや」と言いかねないのである。

その語源だが、まず「ニセ」から変化したとする説が一つ。さらに石川県警察学校講師の西浦忠雄さん（62歳）は「昔、ウソばかり並べるニサブロウという食わせ者がいて、刑事を困らせていた。そこでニサがウソを指す言葉になったと先輩から聞いた」という。

隠語が特定の人物名に由来するのは十分考えられる。たとえば、水死体を「ドザエモン」と言うが、これは江戸時代の力士、成瀬川土左衛門が語源である。水死体は膨れ上がるが、当時の成瀬川も体の大きい力士だった。同じ名前の人がいたら、何ともはた迷惑なこじつけである。

警察の隠語と言えば、犯人は「ホシ」（目星）、共犯者は「レツ」（連れの逆）、覚せい剤は「シャブ」（骨までシャブる）、短銃は「チャカ」（カチャという音の逆）など、全国共通のものが多い。

ウソという意味では「ガセ」が一般的だが、石川だけが「ニサ」を使っているのは興味深い。犯罪捜査に限らず、警察関係者の間では、いいかげんな人を「ニサブロウ」と呼ぶ場合もあり、隠語というより〝ギョーカイ用語〟的にも使われている。

暴力団組事務所をガサ入れ（捜索）すると「ダンナ、そりゃニサ情報でっせ」と逆に言われる場面もある。その意味では「ニサ」は裏社会に生きる方言とも言えよう。

ばっかいならん時期ちゅうもんは

詩誌「日々草」を発行する徳沢愛子さん（55歳）は、男ばかり五人の子供を育て上げた。成長するわが子への思いを託したのが「金沢のおばばは」という作品である。徳沢さんが祖母にふんし、孫に問いかける形で日常の何気ない風景をすくい上げている。

〈なんやらプンプンにおわして　男のくせしてうっざるかし〉

そう思ったのが子供たちの身だしなみだった。毎朝、〝朝シャン〟し、黄色い靴下をはき、手に持つのはクロセンベイのようなカバン。〈しまいにゃ　しりびたたたっつけてドボスに放り込みたぁなるわいね〉と、いら立ちを抑え切れない。

朝食でも、せっかく作ったみそ汁を吸わずに家を飛び出す。〈ちびたぁなったわかめのおつけ　ひと口も吸わんと　そのまんまにして学校いくがやぞいね　腹ん中で　オッドリャとわめいとるわいね〉

今でも忘れられないのは、高校生になった子がたばこを吸って学校へ呼び出されたときである。校長先生の前で日付のない退学届も書かされた。

〈ほんまに向かいのかたいあんさま見っと　けなるてけなるて〉。他人の子供と比較すれば、やるせなさも募る。〈ダラみたけりゃ親みとれてよう言うたもんや〉と投げやりにも似た心境になるのである。

この作品は『金沢方言詩　ほんなら　おゆるっしゅ』（平成四年出版）に収録されている。金沢弁としては初めての方言詩集である。

「子供を怒るにせよ、ほめるにせよ、腹の底から気持ちを伝えるには方言ですよね。詩に表現する場合も、方言でないとスッキリしませんでした」と徳沢さん。〈ゴタむくことだけ一人前や〉〈いつになったらかたい子ぉになるがかねえ〉と子供に手を焼く姿が浮かび上がってくる。

「今の若い子はハデこきで、なんで、こんだけチャラチャラせんなんかと、異星人をみとるような感じでした」。時代感覚が異なる我が子への戸惑いばかりが先に立つが、その根底にあるのは親子の信頼関係である。

だからこそ〈ばっかいならん時期ちゅうもんはあるがかもしれん　そんな時期すぐすんでしもぅわいね〉と楽観視できるのである。

これが正統、行くました

ＪＲ金沢駅前で旅館を営む河原幸子さん（60歳）。観光客を部屋に通すと、さっと金沢市街のパンフレットを差し出した。「金沢の見るとこ知っておいでるがけ」。相手が興味を示すと、待ってましたとばかり長広舌をふるう。

「駅前からバスに乗っていくまさるがなら、平和町行きに乗るまして、広小路で降ります。忍者寺に行くましたら……」といった具合。説明はあくまで懇切丁寧である。「何いうとるやら分からん、という人もおいでますが、正しい金沢弁で説明することに意義があると思うとります」と河原さん。

とりわけ、観光客が戸惑うのは敬語の使い方である。共通語では「（お客さんが）忍者寺へ行かれましたら」というところを「行くましたら」、「帰られました」を「帰るました」と言う。

このように、伝統的な金沢弁では相手の動作に「ました」をつける場合、「行く」「帰る」のような形で接続する。それにこだわり続けているのが河原さんである。

金沢弁に対する思い入れは人一倍強い。若者の言葉使いについても「どくしょな言葉が出ると、ほっこりせん。もう少し、上品な言葉もあるがに」とついつい口調も厳しくなる。

かつて金沢市が主催する接客言葉の講習会で、講師を務めたことがある。もともと講師に選ばれていたわけではない。会場に来て講師を命じられたそうである。「市役所が金沢弁の小冊子つくったときに、たーんと書き加えて市役所にお上げしたこともあります。なぜか金沢弁には意見を言いたくなるたちながです」。

河原さんが金沢弁に執着しているのは父親の厳格なしつけの影響だという。商いをしていたため、言葉使いには人一倍気を使う人だった。「あんた明治生まれの人かいね、と笑われたこともあります。父親がしゃべるましたのと同じ語り口なんでしょうね」。

つい先日、二男（35歳）に「午後からどうしとったん」と声をかけたところ、「しなしなーとしとった」と答えたという。「この子、こんな言葉つこうがかなーと思うとうれしいなりました」。あくまで金沢弁にこだわる河原さんだった。

ダラな人にはこのボブラ頭

松任（現白山市）から尾張町に嫁いで六十年。小間井菊栄さん（80歳）は毎日のように近江町市場へ足を運ぶ。商品を吟味する視線はだれよりも厳しい。

「アンタ、このカニどこの生まれや。船来もんじゃないやろね」。値が張るズワイガニだと出生地まで問いただす。鮮度が気になれば「あれぇ、これ、きのうのがでないかいね。まけとくまっしね」と値切りに入る。商いの駆け引きを心得た人である。

「わたしはお客ですから、品物がきのう（昨日）のがらしい顔しとったら、はっきり言いますよ」と小間井さん。近江町が定価販売していなかった時代、店員との値引き交渉はもっと激しく、「ほな、やーめた」と店員とけんか別れすることもあったという。

そんな小間井さんも、店員の世代交代で昔のように好き勝手なことが言いにくくなった。「昔はカボチャをボブラといって、ダラなことという人には『このボブラ頭』と言ったもんですが、いまボブラなんて言うてみまっし。若いもんは笑いますよ」。

金沢らしさを色濃く残す旧市街で、しかも八十歳という年齢ながら、金沢弁は次第に減ってきているという。ある意味ではこれが平均的な姿かもしれない。本人にすれば、自分の言葉は「金沢弁と標準語のあいのこ弁」と思っている。「夕食囲んで孫としゃべっとると、自然に標準語を聞き覚えるもんです。最近は店員をスタッフと言ったり、横文字も使いますよ」。

もっとも、そうした自分の言葉を再認識させられるのが、長女が住む東京を訪れるときである。「なるだけ方言出さんようにしとるんですけど、バス停で娘と話しとって、後ろを振り返ると回りがキョトンと私らを見とるわけです。やっぱりフシが標準語でないがですかね」。

近江町で店員と話をしていても、若い世代が知らない言葉がふと飛び出すこともある。「きのう、おかいさん作ったら、百間堀《ひゃっけんぼり》のアラレ（霰）みたいになったわいね」。「百間堀のアラレ」とは、コメ粒が表面に浮くような水っぽいおかゆを指す。

兼六園前を通る百間堀は、明治の終わりまでは水をたたえていた。アラレが降ったあとの水面はコメ粒が浮かんだように見えたことから、たき立てのご飯がもらえない若い職人の食事にたとえられたのである。

「今はぜいたくな時代やから、この言葉の意味も分からんでしょ」。小間井さんは自分が口にする何気ない言葉から時代の移り変わりを感じ取っている。

金沢にどっぷーとつかって

金沢国際交流財団で国際交流員として勤務するオーストラリア出身の女性、ジャクリーン・ヒルトンさん（28歳）は金沢弁が上手である。「私、まだ金沢弁、分からんげん。だっちゃかんがや」と、謙そんしてもこんな調子である。

ジャクリーンさんが金沢弁に染まったのは、同財団事務局長の米尾貞夫さん（62歳）の影響といっても過言ではない。二年前に同財団に赴任した当時のことをジャクリーンさんはこう振り返る。「局長さんの言葉は、これまで勉強した日本語と全然違うんです。自信なくしましたよ」。

米尾さんという人、どんな話し方なのか。「ワシとおりゃあ、そんながになるでしょう。うちの孫も、じいちゃんと歩くがイヤとゴタむくこともあります。金沢にどっぷーとつかって、金沢が最高やと思うとるさかい、自然と金沢弁も出るがです」。

金沢市役所を定年退職し、同財団に入った。「国際交流の原点は自分の街の文化を知ることから」という思いであり、金沢弁も大切な文化という認識だ。

そんな米尾さんにとって、外国人との付き合いは金沢弁を見つめ直すきっかけになった。「外国の人は勉強熱心ですわ。私がしゃべる言葉をいちいち大学ノートにメモするがです。私も言葉のルーツを調べるようになりました」。

時間があれば、外国人を長町武家屋敷群に案内することも。「これがサムライハウスで、マネーがあるかないかで家の造りが違うがです」と英語と金沢弁まじりでユニークなガイド役を務める。最後に言うセリフは「やっと日本語覚えたのに、こんな言葉でカンニンね」と飾り気がない。

先日、案内を受けたカナダ出身のジェーン・レックさん（22歳）は「大阪弁よりきれいですよ」と流ちょうな日本語で笑っていた。

「外国人としゃべるときは、なるべく標準語でせんなんと思うとるんですが、なかなか続かんがや。親しみがわくと、らくーになって金沢弁になるがです」。

金沢国際交流財団には、過去に在籍していた国際交流員の外国人女性から電話がかかることがある。「ほや、ほや」「そうねんてー」という言葉を聞きながら、米尾さんは「金沢弁の卒業証書上げんなん」と一人つぶやく。

すごいジャン、すごいジー

「しなければいけない」と言うより金沢弁の「せんなん」を使った方がしゃべりやすい。

金沢国際交流財団の国際交流員、ジャクリーン・ヒルトンさん（28歳）はこう言う。

二年前に同財団に着任した当初は「これまでの日本語の勉強が無駄になった」と思うほ

ど、共通語と金沢弁の違いに戸惑ったジャクリーンさん。いまでは日本人以上に方言を意識するようになった。

たとえば「気の毒な」という言葉。金沢では「ありがとう」という意味で使うが、ジャクリーンさんがオーストラリアで習った「気の毒」は「親せきが亡くなった時などに使う」だった。

「オーストラリアでも地方によって言葉は少し違いますが、日本の方言はまったく別の意味になるので最初は不思議な感じでした」

十七歳のときに横浜で一年間ホームステイした経験から、こんな比較もする。「横浜の『すごいジャン』は金沢の『すごいジー』ですね。地方の言葉は文末表現をよく知らないと、ニュアンスが分からないこともあります」。彼女のノートにはこうした言葉の意味がびっしり書き込まれている。

共通語を習得し、そのうえ地方の方言まで覚えるのは並み大抵ではない。しかし、ジャクリーンさんにとっては金沢弁も大切な日常言語という位置づけである。

「私は金沢に英語だけを教えに来たわけではありません。国際交流員として草の根交流を広げていくには方言も必要でしょう」

実際、ジャクリーンさんの講演で金沢弁が出ると会場が盛り上がったり、「りくつな外国人やねえ」と親近感をもって接してくれるという。

国際交流も地方の時代。日本語イコール共通語という意識が外国人の間でも変化していることは間違いない。「地方では標準語と方言を使い分けるバイリンガル（二カ国語）の生活をしています。アットホームな雰囲気では、方言しか出ませんよね。そうした方言を理解することが地方に住む第一歩だと思います」。

タンチ元気か？　が分からず

『金沢の方言』というポケットサイズの本がある。著者は元中学校校長の志受俊孝さん（73歳）。昭和四十五年にまとめた冊子を大幅に加筆して五十八年に出版した。

方言を集め出したのは、昭和三十年代、国語教師として野田中で教べんをとっていたころである。「あの時分は転勤族が急に増え出した時期やった。関西の子は教科書を朗読しとっても関西ふうのフシになるし、地元の言葉がしゃべれんということで無口になる子もおる。こりゃ何とかせんなんと、金沢弁の手引書みたいなもんを考えついたわけです」。

昭和二十二年から教職に就いた志受さんは、戦後、急速に普及した共通語と方言をめぐるさまざまな問題に直面してきた。教師になって間もなく、小将町中でこんな出来事があった。東京から転校してきた女生徒が「きたない金沢弁をやめて標準語を使おう」とホームルームで提案し、クラスに論議が巻き起こったのである。

「地元の子から反発があったが、その女生徒が口にする言葉が美しいもんで、次第に標準語を使おうという雰囲気が生まれた。標準語か方言か、まだ教育も明確な方針が定まっていない時期やった」

いまは教育現場から離れているが、転勤族の主婦グループから講演依頼が舞い込み、金沢弁を紹介することもある。「今の子供たちは昔より順応性があるし、県外の子でもすぐに金沢弁を覚える。ご両親の方が、かえって戸惑うケースが多い」。

志受さんの方言採取はバスの中の何気ない乗客の会話を聞くことから始まる。胸ポケットに手帳をしのばせ、気になる言葉を耳にするとサッとメモを取る。ある時、こんな会話に接した。

年配の男性が、子供が生まれたばかりの若い母親に「タンチ元気か」と聞いたところ、その女性は「そんなもん、おらんわいね」と、けげんな表情になった。「タンチ」とは子供を指す言葉だが、女性はその意味を知らなかったのである。

「トンチンカンな返事をする光景は見とっても悲しかった。転勤族だけじゃない。同じ地方同士の人間でもこんな調子です」。志受さんが言葉の世代ギャップの広がりを実感した時である。

ルーツを求めて

山陰にもあったダラ

金沢など北陸を中心に存在する「ダラ」という言葉。実は山陰地方にも似たような言い方がある。「ダラズ」である。

金沢駐屯地に十一年間在籍し、現在は出身地の自衛隊島根地方連絡部に所属する深瀬克朗さんは「ダラ」を初めて聞いた瞬間をこう振り返る。「似たような言葉が金沢にもあったのでびっくりしました。島根と金沢、意外なところに接点があるものだと不思議な感じでした」。

深瀬さんによると、島根では「コンナ（お前）はダラズ者だけーのぉ」というふうに使う。金沢ほど使用頻度は多くないが、「しまりのない」「おろか」など「ダラ」に近い意味がある。

それにしても、北陸と山陰にどうして似た言葉が存在するのか。これを説明する際に便利なのが民俗学者、柳田国男の提唱した「方言周圏論」である。

かつて日本の文化の中心は京都だった。言葉も京都で流行したものが、地をはうようにして地方へ波及した。その伝わり方は、池に小石を投げたときの波紋が中心から円を描くようにして広がるのと似ている。

京都で同一のものを指す別の言葉が生まれると、新しい言葉が古い言葉を追い掛けるようにして広がる。このため、京都から離れた地域で古い言葉が存在し、そこから京都に近づくに従って、より新しい言葉が分布する。このように、文化の中心地から円を描くように新旧の言葉が分布するという考え方が「方言周圏論」である。

「ダラ」の語源については「タラズ」（足らず）という説が有力である。これを「方言周圏論」で説明すると、京都で愚か者を指す「タラズ」という言葉が流行し、その後、「タワケ」や「アホ」が新たに生まれて周辺に追いやられたのである。

「ダラズ」と濁ったのは、濁音の方がより悪い響きを持たせるからだろうか。さらに北陸で「ズ」が落ちたのは、短く使いやすいように変化したと考えれば自然である。

現在、山陰では「アホ」が普及し、「ダラズ」の勢力は下降ぎみである。金沢では「ダラブチ」「ダラマ」「ダラくさい」「ダラの三杯汁」など多様な言い回しがあるのに対し、「ダラズ」の方は応用範囲が狭い。ルーツが同じでも地方によって盛衰が分かれたケースと言える。

チョウハイは嫁の骨休め?

「最近、嫁さん見んけど、どこいったんかいね」「チョウハイに行っておらんがや」

古い世代の会話で「チョウハイ」という言葉が時々出てくる。嫁の里帰りのことである。日本国語大辞典を引くと、「チョウハイ」の漢字は「朝拝」である。元旦に天皇が大極殿で諸臣の年賀を受ける儀式（平安中期に廃絶）となっている。

参賀の儀と嫁の里帰り。どうして結びついたのか。金沢市十一屋町、金森廣悦さん（64歳）は、かつての「チョウハイ」をこう振り返る。

「里帰りというのは、嫁ぎ先の気苦労から解放されて骨休めするという意味があった。チョウハイ休みの間、里方では大いに歓迎し、ごちそうを作ってもてなした。天皇が歓迎を受けるようなもんだったんでしょう」

結婚して初めて里帰りすれば「初チョウハイ」。嫁ぎ先へは手ぶらでは戻れず、「チョウハイみやげ」として実家からまんじゅうやもちを持参して近所に配ったという。

現在のように核家族化が進んでいない時代である。嫁と姑《しゅうとめ》、本家と分家のしがらみなど、「チョウハイ」の背景には濃密な家族関係が横たわっていた。

日本文芸家協会会員の西敏明さんは「地元の古い文献によると、藩政期からの言葉で、嫁以外では奉公人が里帰りする場合にも用いられた。正月の帰省を指したのが、次第に時期を問わず、また親類の家に宿泊する場合にも用いられるようになった」という。

宮中で使われた言葉として、もう一つ忘れてならないのは女房言葉である。女房といっても妻ではなく、宮中の女官を指す女房である。女房言葉は主に衣食住に関するものを隠語的に表したものが多い。

その一つが「もじ（文字）言葉」であり、金沢にも「おくもじ」という言葉が伝わっている。漬け菜のことである。言葉の後半部分を省略し、その代わりに「もじ」を添えて言う。「杓子《しゃくし》」を「しゃもじ」というのが有名だが、「おくもじ」の「く」は「茎」の省略である。

こうした言葉からも京文化の影響を色濃く残していることが分かる。

オードな、ドクショなの漢字は？

嫁の里帰りを意味する「チョウハイ」は「朝拝」と書く。これを紹介したら「金沢弁もダラにできんねえ」という驚きの反応が返ってきた。

このように金沢弁の中には漢字があてはまるのに、なかなか連想しにくいものがある。漢字が分かれば、ルーツは一目瞭然である。そこで今回も、意外な漢字が存在する方言を取り上げたい。

まず、おおげさな、という意味を表す「オードな」。「そんなオードなこと言わんといて」と何気なく使う。しかし、漢字を尋ねると、たいていの人は首をひねり、「王道」「大道」などを書いて考え込む。

日本国語大辞典で、おおげさに近い意味の言葉を探すと「横道」があった。意味は人道にそむいたこと、邪道、などとある。現在の使われ方より、それこそ「オードな」意味になっているが、どうやらこれが語源らしい。

一方、薄情で冷たいさまを表す「ドクショな」。母親が病気になっても見舞いに行かないと「あそこの息子、ほんとにドクショな子や」というふうに使う。漢字は「毒性《どくしょう》」だった。「毒性」とは文字通り、毒々しい性質である。

これらの方言はパソコンで漢字変換しようと思っても出てこない。したがって、活字にする場合はどうしても平仮名やカタカナ表記が多くなるのである。

加藤金沢大助教授はこういう。「方言は本来、話し言葉の世界に生きるもの。共通語のように書き言葉として意識していない。京都で言葉が生まれた段階で漢字が意識されていたとしても、地方へは音声だけが伝わっているケースが多い」。

とりわけ、「横道」「毒性」などは中国から伝わった漢語である。「現在でも外来語などが使われているように、漢語に目新しさを覚え、京都で日常言語として取り入れられたのだろう。このように漢語が方言の世界に溶け込んだケースは珍しい」と加藤助教授。

そうなると、「オード」という音声から「横道」が結びつかないのも無理はない。語源の分かりにくさは、方言が衰退する要素になりうる。逆に言えば、漢字が意識できれば、それだけ方言の寿命は確実に延びると言えるだろう。

らち明かんから、だちゃかんへ

中央で生まれた流行語は、電波などを通じて空からバラまかれるように全国ほぼ同時に広がっていく。しかし、京都が日本の文化の中心地であった時代、言葉が地方へ伝わる手段は、人から人への口づてか、せいぜい手紙程度だった。伝言ゲームではないが、人を介することによって発音が変化し、最後にはすっかり形を変えたものも少なくない。

たとえば、使用頻度が多い「だちゃかん」という言葉。ダメ、いけないという意味だが、元の姿は「らち（埒）明かん」だった。

「らち」の本来の意味は、馬場の周囲に設けた柵であり、そこから転じて物事の区切りを指すようになった。らちが明かないということは、物事がはかどらない、片づかないという意味になる。

「らちが明く」の形で井原西鶴の「日本永代蔵」にも登場しており、もともとは京都から発生した可能性が高い。

「らち明かん」から「らちゃかん」、さらに「だちゃかん」へと変化したのだろう。現在では「だっちゃかん」「だっちゃん」「だちかん」なども存在している。「ラ行とダ行が入れ替わる変化はしばしば見られる。音声学的には、発音する際の舌の位置が似ているなど理由のある変化だ」と加藤金沢大助教授はいう。

一方、大丈夫、差し支えないという意味の「だんない」。これも、生粋の金沢弁のような顔をしているが、本来は「大事ない」という形である。同じ「大事ない」でも、三重県の一部では「でちねえ」、神戸では「だいじょない」が残る。発音の自由な変化は、日本各地に多様な方言を残す結果になったのである。

「やくたい（益体）もない」が崩れた「やくちゃもない」、「ありがとう」から「あんやと」など、語形変化した言葉を挙げればきりがない。

その中で、五十音の枠を超えた発音もある。女性がよく使う文末の「ウェー」は、直接関係はないが、鎌倉時代ごろまで「わ行」に存在した「ゑ」（we）の発音に近いものであろう。共通語には存在しない音である。

発音が自在に変化する方言の世界に、どれが正しいとか正しくないといった基準は見つけにくい。

行かなんだも関西の色に染まり

共通語で「〇〇へ行かなかった」というとき、金沢では「行かなんだ」「行かんだ」という。それが、若い世代を中心に「行かんかった」という表現が広がってきた。

「戦後いつのころか耳にするようになりました。我々にとっては、ちょっと耳障りで、なじみにくい言い方です」と金沢市横川二丁目、此下鉄男さん（67歳）。「行かなかった」の「かった」が「行かん」に結びついた共通語と方言の混交形である。関西で生まれ、金沢にも広がったケースとされる。

金沢の方言は、かつての日本の中心地、京都から伝わったものが少なくないことを繰り返し述べてきた。比較的新しい「行かんかった」という表現が伝わったのは、日本の中心が東京に移ってもなお、関西の影響が色濃いことをうかがわせる。

金沢出身者が東京で会話すると、よく「関西出身ですか」と尋ねられる。単語やアクセント、文法などが関西風だからである。

関西からの言葉の波は、発信地を京都から大阪に移し、いまも押し寄せていることは間違いない。

さらに、関西独特である大学生の学年の呼び方、「○回生」は、福井県の大学でも聞かれるようになっている。関西出身の大学生、あるいは関西の大学に

関西方言から独自の世界

金沢には関西の方言と共通する特徴が多い一方で、関西で起きた変化が及んでいない場合もある。例えば「オトロシイ」。これは「オソロシイ」の変化した形だが、国立国語研究所の日本言語地図によると、関西では「コワイ」が一般的である。

「オソロシイ」や「オトロシイ」は、「コワイ」という言葉が生まれる以前に関西で普及していた言い方であり、金沢では古い世代を中心に「オソロシイ」「オトロシイ」が日常語の主流になっている。

その一方で、関西の「…サカイ」が「サケ」という形で変化する場合もある。さらに「見ると」を「みっと」、「これで」を「こっで」など、関西には見られない促音化の現象も起こしている。

このように金沢は関西方言の古いタイプを残す半面、新たな音声変化を起こしていることで、関西方言を基盤にしながら独自の世界をつくり上げていると言える。

通う福井出身者が持ち込んだものらしい。

金沢では現在、小中高校と同じような「○年生」が主流で、「○回生」は同窓会の単位のようで違和感がある。しかし、福井までジワジワ押し寄せている現状を考えると、そのうち「○回生」が広がる可能性は十分ある。

マスメディアの影響などで、方言が共通語化に向かっていても、しっかりと関西の影響を受けているのはなぜか。そこには、万葉の時代から存在する言葉の東西対立という根強い構図があるようだ。

こーた、おる、すいも西の仲間

北陸自動車道を東に走り富山県境を抜けると、日本海に北アルプスの険しい断崖が切り立つ親不知《おやしらず》海岸が見えてくる。マスメディアが発達していなかった時代、言葉は文化の中心地からその近郊、さらに、その郊外へと、その間を行き来する人たちによって伝わった。言葉の広がりを阻むものは、難所と呼ばれる地形的障害であった。親不知の東側から、北アルプスを南下し、静岡を結んだ線がフォッサマグナである。単語など方言の特徴の境界線が集中するのも、このフォッサマグナの線上なのである。

言葉の東西対立を具体的に見ていこう。

東の「買《か》った」と西の「こーた」、「居《い》る」と「おる」、「酸っぱい」と「すい」、「なす」と「なすび」など。

さらには「雨だ」と「雨や」「雨じゃ」、「書かない」と「書かん」「書かへん」、「しろ（白）くなる」と「しろーなる」という文法的な対立。発音についても「て（手）」を「てー」、「め（目）」を「めー」と伸ばすのが西部方言の特徴である。金沢はもちろん西である。こうした東西対立をさかのぼれば、万葉集の「東歌」と「防人歌」に収められた歌からも確認できるという。

対立を生んだのは地形的な要素ばかりではない。東京と大阪、江戸と上方、さらには有史以前からあったと言われる二極分化の文化土壌も関係している。

そばやうどんを売っている店を、東では「そば屋」、西では「うどん屋」（福井はそば屋と呼び、東西で「そば文化圏」と「うどん文化圏」におおむね分かれる。

もっとも、金沢の位置づけは、西部方言の極東である。東西対立の境界線上に近いため、いちがいに西と色分けしにくい側面もある。

一昨日という意味で、東の「おととい」、西の「おとつい」があるが、国立国語研究所の調査では、石川までが東の「おととい」である。

さらに、塩辛いの意味では東の「ショッパイ」、西の「カライ」のどちらにも属さない「クドイ」が金沢弁として存在する。東西の言葉が混在している場合も見られるのである。

西からの言葉の波を受け、ときには東側の文化もうかがいながら、独特の言葉の文化圏を形成してきたと言えよう。

ワイシャツとカッターの違いは？

言葉の東西対立は、明治以降に使われ始めたと思われる新しい言葉の中にも存在する。よく例に出されるのが、東の「ワイシャツ」と西の「カッターシャツ」である。金沢は西に属するとされる。

ただし、こうした対立は、現代では東西の言葉が混ざり合ったため、両方を併用したり、二つを使い分けるケース、つまり言葉の意味分担も起きている。

クリーニング店の価格表示には「カッター」が何となく目立つような気がする。一方、紳士洋品の老舗、金沢市片町二丁目の金港堂社長、宮谷隆夫さん（64歳）はこう説明する。

「お客さんの呼び方はワイシャツとカッターが半々。古い世代はカッター、若い世代はワイシャツになるようだ」

どうも世代によって一定の傾向があるらしい。そうなると、それぞれの言葉のルーツが知りたくなる。

「ワイシャツは英語のホワイトシャツから変化した。昔のワイシャツは、エリがボタンで取り外せるようになっていた。カッターは今のように取り外しできないもの。カッターシャツという名称は大阪の運動具メーカー、ミズノが名付けたと聞いている」と宮谷社長。

大阪のミズノ本社広報課に問い合わせると、ミズノ創業者が大正時代の前半に、えりが取り外せないシャツを「カッターシャツ」と名付けて売り出したという。語源は「勝った、負けた」の「勝った」だそうである。英語でボートの一種をさすカッター（cutter）が語源という説は誤りである。「カッターシャツ」が大阪で生まれた言葉だとすれば、西で普及したのも理解できる。

かつて「ワイシャツ」と「カッターシャツ」は別のタイプを指した。現在、えりを取り外せるようなシャツ（かつてのワイシャツ）はほとんど消えている。昔の使い分けを知っているからこそ、古い世代は今のタイプを「カッター」というのだろうか。

では、若い世代に使い分けはあるのか。金沢では子供が着るシャツは「カッターシャツ」、大人が着るシャツは「ワイシャツ」と区別する人が案外いる。過去の使い分けを知らない世代が、新しい意味分担をしたケースと言える。

東の「買《か》った」と西の「こーた」のような古い言葉は別として、歴史の浅い言葉は明確な東西対立が成り立ちにくくなっている。

能登べっちゃに加賀がやがや

「能登べっちゃ」に「加賀がやがや」と言われる。それぞれ能登と加賀の特徴的方言を言い表したものである。石川県の方言は、加賀方言と能登方言に大きく分けられるが、ここでは加賀方言に属する金沢と、能登の方言の違いを見ていきたい。

穴水町川島の郷土史家、坂下璣さん（71歳）は地元の小学校を出て、旧制金沢二中に進学した際、この「べっちゃ」が通用しないことに戸惑った。「今日は月曜日か」と尋ねられ、「べっちゃ、火曜日や」と答えると、友人にからかわれたという。

「違う、という否定の意味の言葉です。若い人は少なくなりましたが、私たちの世代は今でも使います」と坂下さん。金沢ではさしずめ「なーん」という言い方に相当するだろうか。

『能登の方言』の著者、内浦町（現能登町）行延の馬場宏さん（74歳）によると、「べっちゃ」は別という意味の古語、「べち」にたどりつくという。源氏物語や枕草子にも登場する。「何も」から変化した「なーん」より、古い言葉のようだ。

坂下さんが金沢で使いにくかった言葉に「いっぴき」というのもあった。能登では「頭いっぴき刈ってくる」とか「リンゴいっぴき」と言う。一回、一つという意味だが、単に強調したい場面でも用いられる。能登の代表的な方言だった。「いっぴき」が反物を数える「一疋」か、動物を数える「一匹」かは定かでない。しかし、相当古くから使われていた可能性がある。

言葉はかつて京都を発信地として、地をはうように地方へ広がった。京都で同一のものを指す別の言葉が生まれると、新しい言葉が古い言葉を追い掛けるようにして地方へ波及する。このため、京都から離れた地域で古い言葉が存在し、京都に近づくに従って新しい言葉が分布する。

この「方言周圏論」に沿えば、金沢より能登の方に古い言葉が存在することになる。しかも、能登は言葉がこれ以上北へ伝わらない先端部に位置する。中央から波及した言葉が行き場所を失って混在し、複雑な言語世界を形成したのである。

「べっちゃ」や「いっぴき」に金沢弁の影響をみることはできない。能登有料道路では、ほんの一、二時間の距離だが、言葉の隔たりはそれ以上に大きいと言える。

日本海を渡った能登のボーダレ

藩政期から明治中期にかけて日本海時代を切り開いた北前船。北陸に幾多の豪商を誕生させ、海運業の隆盛を極めたが、寄港地にもたらしたのは物資だけではない。その航跡をたどると、言葉の分布と重なるケースがみられるのである。

たとえば、ツララを指す能登の「ボーダレ」。国立国語研究所が作成したツララの言語地図をみると、「ボーダレ」系の「ホダレ」が琵琶湖周辺に、敦賀には「ホーダレ」「ボーダラ」などが分布する。金沢にはまったく別の言葉「タルキ」があり、「ボーダレ」系が伝わった形跡はない。敦賀から直接、能登へ伝わったようだ。

北前船は瀬戸内海から山陰、北陸、東北と日本海を北上し、北海道まで渡った。「ボーダレ」系は富山、新潟を越え、山形県の一部にも「ボンダラ」として存在する。これらの事実から、敦賀を経由した北前船が「ボーダレ」を伝えた可能性が高いのである。

北前船の研究者、加賀市文化財保護審議会長の牧野隆信さんはこう説明する。「北前船は商売しながら買い積みするため、寄港地に長く滞在する場合がある。その土地に新しい言葉をもたらしても不思議ではない。特に能登は陸上より海上交通の方が盛んであり、海上交通の果たした役割は見逃せない」

「ボーダレ」が海上ルートで伝わったとする説は、言葉の新旧からも裏付けられる。金沢の「タルキ」は平安時代の古典文学にも登場する古語「タルヒ（垂氷）」が語源だが、「ボーダレ」はそれよりも新しいとみられる。

かつての文化の発信地、京都で新しい言葉が生まれると、同一のものを指す古い言葉は遠くへ追いやられた。古い言葉ほど京都から離れた地方に分布する理由だが、遠い地方に新しい言葉が存在し、そこが海に面していれば海上ルートも十分考えられるのである。

金沢弁で出てくる「ほやさかい」「ほやさけ」の「さかい」「さけ」は、敦賀から福井、能登、佐渡、新潟、山形などの沿岸部にも点在する。これらは北前船の航跡と一致する。

三方を海に囲まれた能登と金沢の方言の違いを探る場合、陸路ばかりに目を向けていてはナゾは解けない。海も重要なキーワードである。

ギャワズとギャットで対立

金沢と能登の方言をさらに比較したい。

言葉がはっきり分かれるのはカエルの呼び方である。金沢では「ギャワズ」、口能登から中能登では「ギャット」、奥能登では「ガット」が存在する。

『能登の方言』をまとめた内浦町（現能登町）行延、馬場宏さん（74歳）は「今でこそ共通語のカエルが普及しているが、かつてはこの呼び方で出身地が分かるほど地域差があった」という。

カエルの古い呼称は「カワズ」であり、「ギャワズ」は「カワズ」にカエルの鳴き声をだぶらせて変化した可能性がある。「ギャット」もその類だろうか。

金大教育学部国語研究室の分布調査（昭和五十七年）では、羽咋郡南部で「ギャット」と「ギャワズ」が混在する地域がある。この辺りが境界になっているらしい。

一方、疲れたという意味の「てきない」。能登では「ちきない」と言う。浄瑠璃《じょうるり》には「てきない」の形で用例があり、これは江戸初期から存在した言葉である。そこから「ちきない」へと発音が変化したらしい。

「ちきない」の語源について、能登では「血の気がない」、すなわち「血気《ちき》ない」と思い込んでいる人もいる。地元の方言だと認識しているせいか、あれこれ語源解釈に頭をひねるふうだ。

同じ形の言葉でも意味がズレるケースもある。味覚表現の「クドイ」もその一つ。金沢の「クドイ」は本来、塩辛さを意味する。能登では味全体の濃さ、しつこさであり、甘すぎる味も「クドイ」である。

さらに、金沢で幼児を指す「タンチ」は、口能登から中能登では男児、奥能登に行くと女児に限定される。「口能登の親類の家にタンチが生まれたというので、奥能登から女の子用の晴れ着を持参したら、その子供は男の子で恥をかいたというエピソードもあった」(馬場さん)。

このタンチ、富山出身の言語学者が「尊《たっと》いボンチ」の略だと説明していたが、女の子の意味で使っている人なら、この語源解釈にはたどりつけないだろう。

金沢と能登。元をたどれば同じ言葉に行き着くケースが多いが、それぞれの生活土壌に根ざした複雑な変化が、ルーツを分かりにくくしているようだ。

呉西クドイ、呉東ショッカライ

週末になると、金沢の繁華街で「食べられ」「飲まれ」とか「暑いチャ」「そうながいチャ」など耳慣れない言葉を聞く。これらは富山の方言である。

金沢と富山の方言はどう違うのか。これらを比較しようとして、まず気付いたのが方言の研究書物は石川より富山の方が多いという事実である。

「中部地方の方言」によると、富山では明治以降、方言に関する教育機関などの報告がかなりの数に上るのに対し、石川県方言の本格的な研究は戦後に始まったという。

さらに、富山ではここ数年「とやま弁大語解」「富山語録辞（トヤマゴロジー）」といった若者向けの本も出版されている。方言研究の実績では明らかに富山が優勢である。

富山にそれだけ方言研究の専門家が多くいたという事実もあるが、「方言に対する県民意識の違いも見逃せない」と言うのは富山方言を研究する水野元雄富山商船高専教授である。

「百万石の城下町、金沢は北陸の文化の中心地でもあり、すべてにプライドを持っている。富山、とくに東部は逆にコンプレックスがあり、それが自分の言葉に対する意識となって現れている」

一方、富山の方が金沢より東京志向が強いのも事実だ。共通語を意識しやすく、共通語と比べることによって、自分たちの言葉を認識しているとも言える。

実際、共通語への意識は具体的な言葉からもうかがえる。たとえば、金沢で「雨が降っとるサカイ」という場合、富山東部では「雨が降っとるサカライニ」という表現がある。関西系の「サカイ」と共通語の「カラ」がぶつかり合った言い方である。「シオカライ」は、富山西部では、金沢と同様「クドイ」だが、東部へ行くと「ショッカライ」と共通語的になる。

これらからも分かるように、富山でも東と西では地域差がある。呉羽山を境にして呉東・呉西に分けられるが、水野教授は「地形的な障害よりも、呉西までが加賀藩直轄、呉東は加賀藩の支藩・富山藩だったという歴史的事実も対立要素になっている」という。実際、カボチャの呼び方として加賀藩の領地は「ボブラ」、富山藩の領地では「ナンカン」ときれいに分かれていたらしい。

お互いに違和感　来まっし、来《こ》られ

金沢と富山の方言。言語学的な分類では北陸方言の仲間であり、アクセントや文法、単語の面においても共通点が多い。しかし、お互いが会話するとなぜか違和感を覚える場合がある。まったく相いれない表現もあるからだ。

その一つが、「来《き》まっし」と「来《こ》られ」、「食べまっし」と「食べられ」など、相手に優しく命令する時の「まっし」と「れ」「られ」である。

文法的には、ともに「敬語助動詞」と呼ばれる。使っていると敬語だと思いにくいが、これは命令形になっているためである。「来い」「食べろ」などストレートな命令形は、相手の感情を損ねやすいもの。それが敬語になっていることで柔らかく命令できる。

しかし、初めて聞く印象はそれぞれ、使い手の意識とは異なるようだ。

津幡町太田の荒木勝人・春美さん夫婦。勝人さん（27歳）は金沢市出身であり、妻の春美さん（28歳）は新湊市である。「来られ」などの言い方について、勝人さんは「妙な言い方で最初は怖かった。自分を嫌っているような印象を持った」と言う。一方、春美さんは「まっしの方がヘン。でも金沢の雰囲気がよく出ている」と思ったという。

「よその土地の人が聞いた場合、おそらく『来られ』の方が不思議な印象を与えるかもしれない」というのは加藤金沢大助教授である。

「まっし」は全国どこにもない固有の表現だが、「来られ」は似たような言い方に共通語の「来られる」がある。母親が子供の手を引いて「はよ来られ」と言うと、聞いている人は「わが子になぜ敬語を」と思ってしまう。共通語と形が似ていて意味がズレるため、思わぬ誤解を与えかねないようだ。

言葉の勢いはどうか。富山の「来られ」などの表現は世代、性別を超えて使用頻度が高いのに対し、金沢の「まっし」は若い世代で使用頻度が減っている。

金沢の言葉は、かつて加賀藩だった富山県西部、呉西地区にも影響を及ぼしていることが多いが、「まっし」は県境に近い小矢部市などにみられる程度で、そこから東に伝わった形跡はない。「来られ」の勢いがそれだけ強いからだろうか。

兄弟関係？　ジーと富山のゼ

金沢で飛び交う「すごいジー」や「いいジー」の「ジー」。前に「なぜ使う

のか、こればかりは言語学者のナゾでもある」と書いた。

ところが、先に東京で開かれた日本方言研究会では、その連載記事を引用しながら「富山の『ゼ』と金沢の『ジー』は関係があるかもしれない」との報告があった。

発表したのは国立国語研究所員の井上優さん〈富山県井波町〈現南砺市〉出身〉。主に「ゼ」を文法的な角度から検討したが、「ジー」との関係について「富山の『ゼ』は『ジ』に近い音で発音されることがある」と、その関連性に言及した。

富山では「あんた、いい服着てやゼ」とか「そんながやゼ」など「ゼ」を多用する。この「ゼ」は、共通語の世界にも存在するが、「さあ、行こうゼ」のように、ぞんざいな言い方になり、どちらかと言えば男言葉である。したがって、富山の女性が「ねえ、あんた顔色悪いゼ」と言うと、よその土地の人はおそらく違和感を覚えるに違いない。

「ゼ」の分布は富山全域のほか、能登にも広がっている。一方、「ジー」の使用範囲は金沢市周辺に限られる。分布から考えると、石川、富山に「ゼ」がもともとあって、金沢では「ジー」に変化した可能性が考えられる。

使う場面は、金沢の「ジー」が「いいネクタイ、しとるジー」のように、「うらやましさ」と「冷かし」の両面を持った使い方が若い世代で増えているのに対し、「ゼ」の方はもっと幅広い用法である。「ゼ」の用法の一部を「ジー」が担っているとも言える。

「ゼ」から「ジー」に変化したという仮説は十分成り立つわけだが、断定するには至らない。方言研究の分野では、金沢弁の「ジー」は、まだ解明されていないナゾ多き文末詞なのである。

こうした「文末詞」というのは、話し手の気持ちが集約される部分であり、意味の分析が難しい点が研究を遅らせている一因らしい。「きれいやジー」と一口に言っても、会話する者同士の人間関係によって真意が変わる。人間の感情は文法ではくくれないものである。

ダラは福井でノクテーに

金沢弁の北陸での位置づけを考える場合、富山ばかりでなく福井との比較も必要である。そこで福井市出身の金沢大理学部二年生、花木政之さん（19歳）に聞いた。

「大学では福井弁と認めてもらえません。福井語だとよく言われるんです」。東北弁や九州弁のような日本語レベルでなく、英語や中国語のように受け止められているらしい。別の福井出身者は、英語の授業で「福井弁に訳して下さい」と教官に言われたとか。隣の県なら似ていて当然、という固定観念が、なおさらその違いを実感させるのだろうか。

花木さんが通じなかったのは、たとえば「エン」である。「あの人、エンのけ」とよく使う。金沢弁で言い換えれば「あの人、おらんがけ」、つまり「いないのか」という意味になる。金沢、富山の「おる」は、福井では「いる」である。「エン」は「いない」という意味の「いん」の変化なのである。

北陸三県を比較した場合、確かに金沢と富山が同類で、福井が異なるというケースが目立つ。金沢、富山弁のトレードマーク「ダラ」はほとんど使わない。「ダラなこと言わんといて」は「ノクテーことといってんなや」であり、「ノクテー」が「ダラ」に相当する言葉である。

さらに、金沢や富山で使う「どこいくガや」の「ガ」も福井では存在しない。同じ北陸同士だからと言って「そんなガじゃないガけ」と声をかけると、耳障りだと思われかねないのである。

同じ北陸方言でもなぜ金沢、富山と福井ではここまで違うのか。一つは関西により近いという地理的条件である。ダメを「あかん」と言ったり、ありがとうの意味で「おおきに」がある。かつて京都で生まれた言葉が金沢まで伝わらず、福井で止まったものもある。敦賀以南の嶺南地方は北陸方言ではなく、近畿方言に属する。言葉の上ではもはや北陸ではないのである。

それと福井市周辺は無型アクセント地帯である。「雨」と「飴《あめ》」、「橋」と「箸《はし》」など、単語によってアクセントが決まっていない。ある意味では、これが金沢、富山と福井市出身者を隔てる大きな要因になっているようだ。

用途広い「ガ」

金沢弁の会話に欠かせないのは「ガ」である。「ほんなガが、いっぱいおる」というふうに「ガ」が連続する場合もあり、県外から訪れた観光客が驚くのも、この「ガ」の使用頻度の高さである。

「ガ」は共通語の「ノ」にあたる。「いろんなガ（人）とおうて」など、ときには名詞の代理をする場合もあり、用法はかなり広い。金沢をはじめ石川、富山、新潟、高知県に分布するが、かつての古い日本語には「ノ」に相当する「ガ」が使われていた時代もあり、これらの地域だけに現在も残ったらしい。

子供の世界

オレ、長男やからアンカマ

先生が質問した。「家では、どんな言葉でしかられるの？」。児童たちの答えは次の通りである。

「いいかげんにしまっし」

「そんなことしたらダメやがいね」

「何やっとらん」

「ダラブチ」

金沢市味噌蔵町小五年二組で行われた「金沢ことば」の討論会の一場面である。それぞれ金沢弁の特徴が表れていて興味深い。

その中で、児童からこんな言葉も飛び出した。「おばあちゃんによく、ツラニクイ子って言われる」「アダケルも聞いたことがある」。周囲からは「何や、それっ」「どんな意味や？」という反応が一斉に沸き起こった。

「ツラニクイ」の本来の意味は、顔も見るのもイヤなくらい憎たらしいさま。「アダケル」は騒ぐ、ふざけることである。古い世代にしか残っていない表現だけに、ほかの児童が意味を理解できなかったのも無理はない。

討論会では、こうした古くからの方言がいくつか登場した。「おばあちゃんが、ダイバラや、と言ってた。大変なことなんだって」「オレ、いちおう長男やからアンカマって呼ばれる。オカマみたいでイヤだけど」

「ダイバラ」は「バラ」単独でも用いる。日本方言大辞典によると「ダイバラ」は「大バラ」、「バラ」は漢字で表すと「散」になり、もともと散らかっている様子である。一方、長男を意味する「アンカマ」は「アンカ」とも言われる。

古い言葉を口にする児童に共通していたのは、祖父母と同居しているか、近所に祖父母が住んでいて頻繁に行き来しているケースだった。児童がどれだけ方言を知っているか。それには祖父母の存在が関係しているようである。

ただし、児童からこんな意見もあった。「お母さんにしかられるのは怖いけど、おばあちゃんは怖くない。だって、おばあちゃんの言葉はよく分からんもん」。

しかられていることは表情から読み取れても、言葉の意味までは理解できない。これも共通語世代と祖父母のコミュニケーションの一断面かもしれない。

「ガッパになる」は泳ぎがうまいこと？

「ガッパになる」

だれかが物事に熱中していると「何、ガッパになっとるんや」と言う。比較的、使う場面の多い金沢弁である。

金沢市大徳小六年二組で内田圭志先生（31歳）が、この言葉の意味を児童に質問した。返ってきた答えは「泳ぎがうまくなる」である。「ガッパ」から「カッパ」を連想したらしい。

「ガッパ」という単語だけで、古い世代がまず思い浮かべるのは頭のデキモノだが、児童の発想は次元が違うようだ。しばらくして「いっぱい食べること」と言葉の雰囲気をとらえる子もいたが、多くは答えられなかった。

クイズ形式でさらに質問が続いた。「はかいく」（はかどる）の意味は――。「天国へ行く」「お経を読む」。今度は「墓行く」の連想である。

同教室の児童は、ほとんどが金沢生まれ。方言クイズでは、知らない言葉の方が多く、とりわけ勘違いしやすかったのが「ガッパになる」と「はかいく」だった。容易に語源にたどりつけないものほど衰退しやすいという方言の運命が、ここでも見えてくる。

一人も答えられなかった言葉は「ねまる」である。座るという意味ではかなり古いタイプに属する。これは連想しにくいのか「英語みたい」という指摘も。

「ねまるは私自身も、あまり使いませんね。児童の親は三十代から四十代が中心。親自身が使わない言葉は確実に子供の世界からは消えているようです」と内田先生は言う。

「ねまる」は畳にそのまま腰を下ろす意味で使うのが一般的。家の中で走り回っている子は「ここに、ねまっとろ」というふうに、家庭の〝しつけ〟の中にも存在していた。さらに、会社の労使交渉で膠着《こうちゃく》状態に陥った時にも「ねまり込み」という言い方がある。女の子のように足を崩して座れば「横ねまり」である。

こうした使用頻度の高さが、長く生き残った要因と考えられる。しかし、いまは勉強でも食事でもイスに座ることが多い。これでは「ねまる」というイメージにそぐわない。「ねまる」衰退の理由は「ガッパになる」「はかいく」とは少し違う。単なる児童の共通語化とは別に、生活様式の変化も背景にあるようだ。

家庭事情の変化でおてまも衰退

子供たちの世界から消え去ろうとしている方言に「おてま」がある。

金沢市夕日寺小六年二組の児童に聞くと、知っているのは三十六人中、五人。大徳小六年二組でも正解は少なく、「てまり」「お年玉」などの答えが返ってきた。

日本方言大辞典を引くと、「おてま」は「お手間」であり、本来の意味は仕事を手伝うこと、臨時の労働力、賃金などである。いわば、大人の世界の言葉なのだが、石川、富山では「子供にやる駄賃」の意味で使われる。

父親の肩をもんだり、親類宅へお使いへ行くともらえる「ほうび」である。北陸では子供になじみの深い言葉とも言える。

この言葉が、なぜ消えようとしているのか。

「子供が家庭の仕事をする機会が少なくなったのも一因」と指摘するのは夕日寺小の藤田実校長だ。

「テレビのチャンネル権も食事の好みも、今の家庭はすべて子供中心。親が家の仕事を全部やっていれば、子供が手伝う必要もない。仕事よりも勉強というのが家庭の実情でしょう」

　もう一つ、子供の経済事情の変化も見逃せない。金沢市教委で金銭教育を担当している大西賢一指導主事は「小学生でも月ぎめのお小遣いをもらう子が増えている。かつて子供の収入源だった、おてまの必要性は昔に比べて薄れている」という。

　新指導要領では金銭教育が重視されており、五、六年生の家庭科では小遣い帳などの教材を使い、金銭感覚を身につけさせる。計画性を持たせるためには月ぎめ小遣いも有効な方法の一つだという。

「おてま」をやる場面があったとしても、「小遣い」という言葉を使う親も増えてきた。かつては厳密に仕事の報酬として「おてま」を使っていたのが、現在は「小遣い」という共通語に飲み込まれようとしている。家庭教育としつけの中で生き続けてきただけに、消えるのが惜しい言葉でもある。

　この言葉を知っている子供たちは、やはり祖父母のいる家庭だった。意味を尋ねると「おばあちゃんがくれるお金」である。そこに、働いたという前提はもはや存在しないようである。

イシナとイシ、ツバキとツバ

「イシナの孫やねえ」

子供をほめる時にこんな比喩《ゆ》がある。「イシナ」は石のことであり、「かたい子」という意味になるそうだ。子供の行儀が良いという場面で使う「かたい」自体が金沢弁である。県外の人にとっては理解しにくい比喩かもしれない。

その「イシナの孫」たちに、「イシナ」の意味を聞いてみた。夕日寺小六年二組では知っている子はほとんどいない。答えをいうと、教室に「ウソやろー」と驚きの表情が広がった。「イシ」と「イシナ」。一見、結びつきやすいようだが、「ナ」が付くだけでまったく連想できないのである。この「ナ」はいったい何なのか。

日本方言大辞典を引くと、石という意味で「イシナゴ」が各地に分布している。漢字で表すと「石子」である。「イシナ」は「イシ」プラス「ナ」ではなく、「イシナゴ」の「ゴ」が脱落したものらしい。

「ナ」の意味は「石の子」の「の」と同じだろう。「あっちな（の）水は甘い」のように、方言の世界では「の」を「な」で表すケースも存在するのである。

「イシナ」が子供の世界から消えた背景についても考えたい。

方言が衰退していく最大の理由は、同じ意味を持つ共通語に置き換わることである。加藤金沢大助教授は「方言が共通語に置き換わりやすい条件の一つとして、共通語と語形が似ている点があげられる。イシナがイシに代わっても何ら不思議はない」と言う。

たとえば、唾液《だ》を表す「ツバキ」という方言も共通語の「ツバ」に代わった。「なすび」も、子供の世界では「なす」がジワジワと勢力を強めている。

さらに言語学的な側面とは別に、加藤助教授が注目するのは子供と石の関係が変わってきたことである。

「昔は石けりなど、遊びの中で石が重要な位置を占めていた。しかし、今はファミコンをはじめ遊び方が変わり、石への注目度が低くなった。何より道路舗装や川の護岸整備などで遊べる石自体が少なくなっている」

子供たちが「イシナ」を口にする機会が減り、勢力が弱まったところに共通語の「イシ」がどっと地盤を拡大したという構図が浮かんでくる。

アンカ、オジ、コッパオジ

方言の世界で、とりわけ共通語化が進んだものに人の呼び方がある。家族や親族などを指す名称である。

「金沢ことば」の討論会をした味噌蔵町小五年二組では、「長男やからアンカマと呼ばれる」という発言があったが、こうした児童はむしろ少数派である。

たとえば、大徳小六年二組で「アンカ」や「アンカマ」の意味を尋ねると、たいていは「寝る時、ふとんに入れるもの」である。人の呼び方という認識は薄い。

二男の「オジ」「オジマ」は「おじさん」が圧倒的。末っ子あるいは三男坊を指した「コッパオジ」になると、「酔っぱらったおじさん」「ハゲたおじさん」などの答えが返ってきた。

人の呼び方を表す名称は「タンチ」「ター夕」「ニャーニャ」などバラエティーに富んでいたが、これらは古い世代でも使用頻度は少ない。これに対して、兄弟関係を表す「アンカ」などは、いまだに親族関係の中に残る方言である。児童がそうした言葉さえも突飛な発想をするのは、それだけなじみが薄くなっている証拠であろう。

生まれた順番に、長男、二男、三男と数えるのが共通語である。方言の世界でそれぞれ独自の名称が付いているのは、兄弟の役割が厳格に規定されていたためである。「昔は長男をアンカと呼ぶことで、跡取りとしての役割を自覚させる意味合いもあったようだ。長男を中心とする家族制度の象徴だった。これを今の子供たちに説明しても理解しにくいでしょう」と柱山嗣廣大徳小校長は言う。

長男を意味する呼び方は「アンチャン」「アンサ」「アンサマ」など多様である。「オジ」はともかく、「コッパオジ」の「コッパ」は「木っ端」であり、何ともかわいそうな響きである。姉妹にこうした名称が少ないのは厳然とした男社会が存在していたからである。

戦後の平等主義によって、これらの言い方は時代に合わなくなってきた。共通語化が加速した背景には、教育的な配慮も働いたようである。

もちろん少子化の現代では、兄弟について名称を使い分ける必要性もなくなっている。

いじっかしー、はがいしーは健在

「おつけ」から「みそ汁」、「ゴンボ」から「ゴボウ」へ。言葉の品詞で最も共通語化しやすいのは名詞である。対象がはっきりしており、共通語に置き換わっても何ら不都合はないからである。子供たちに「おつけ」の意味を聞くと「つけもの」「お金をあとで支払う」などユニークな答えが飛び出す。完全に共通語に取って代わられたようだ。

これに対し、形容詞、とりわけ感情を示すような方言は共通語で表しにくく、子供たちの世界でも今なお勢いを持っているものがある。

大徳小六年二組で方言クイズをした結果、児童の多くが知っている言葉は「いじっかしー」だった。意味を尋ねると「イライラする」「腹が立つ」「じゃまくさい」と、それぞれニュアンスを押さえている。実際、こうした共通語が溶け合ったような意味である。

児童がよく知っている言葉には「はがいしー」もあった。これも一つの共通語では表現しづらい。これらは知っているだけでなく、ふだんの生活でも使う。共通語にはない、れっきとした金沢弁である。

「子供たちが口にする方言は、親から言われるような言葉が目立ちます。親の使用頻度が高く、しかも自分に関係しているものは受け継いでいるようです」と担任の内田先生は言う。「いじっかしー」の答えで「ぼくみたいな男」という回答があったのは、親が口癖のようにその子に向かって使っているのかもしれない。

もっとも、こうした形容詞の中にも消えたものが少なくない。「うざくらしい」「げんぞらしい」などといった類は、親も口にしないのか子供たちは意味を理解できない。「せわしない」は親から言われる言葉であっても、子供たち自身は使わないという。

「うざくらしい」と似た東京の言葉に「うざったい」があるが、これは東京郊外の多摩地区にあった方言を東京の若者が再び使い出したケースとされる。

親から子へ。方言は確かに世代を継いでいることも事実である。ただ、そうした言葉を取捨選択する共通語世代の言語感覚は、論理的には説明しにくい。使用頻度や意味ばかりでなく、語感なども関係しているようである。

最下位はビリよりもゲベ

「競走で最後になることを何て言う?」

夕日寺小六年二組でこんな質問をした。三十六人中、「ゲベ」と答えたのが二十六人、ビリが七人、そのほか「ビリッケツ」もあった。

金沢で古くから残るのは「ゲベ」であり、「ビリ」は共通語である。本来、名詞は共通語に置き換わりやすい運命なのに、「ゲベ」はしっかりと子供の世界に

根づいているのである。

「勉強やスポーツ、遊びの中でも、子供たちが意識しやすい言葉なのでしょう。ビリというより、ぴったりくるようです」と言うのは担任の笠野尚子先生である。

学校も、ある意味では競争社会である。親自身が「ゲベになるな」と励ましているのかもしれない。

米丸小の安藤久信校長は「ゲベ以外でも、ゲットという言い方も聞く。方言が少なくなっている中で、比較的残っているという印象を受ける」と言う。同校でも「ビリ」はさほど広がってはいないようだ。

「ゲット」は「ゲットクソ」とも言い、金沢周辺、富山県などに存在する。「ゲベ」には「ゲベタ」もあるが、これは古い世代が中心である。

方言の世界に共通語が入り込む場合、両者の力関係が盛衰を分けると言われる。つまり、方言の勢いが弱いと共通語が方言を追いやってしまい、方言の勢いが強ければ共通語は勢力を拡大できない。そう考えると、「ゲベ」は勢いのある言葉と言えよう。

こうした方言はまだある。下水溝を指す「ドブス」である。

夕日寺小の笠野先生は子供たちの何気ない会話の中で、この言葉をよく耳にする。

「同じ下水溝でも、ドブスと共通語のミゾを使い分けています。ドブスはドロドロしてきたないもの、ミゾはコンクリートなどで整備してあり比較的きれいなもの、という認識です」

これは方言と共通語が意味を分担したケースである。こうした棲《す》み分けができるのも、「ドブス」に勢いがあり、共通語形を抑えたからであろう。

「ゲベ」と「ドブス」。この二つに共通するのは、公的な場面ではあまり使わないという点である。決して上品な意味ではない。そのあたりに子供たちが受け入れやすい理由があるようだ。

昔の作文、生き生きと方言で

「ゆき子、うつくしいがに、なっぱをよってくれたのう。かたかたいもんやったのう」

「おいねん、ほんやもんで、うれしてどんならんがいねん」

昭和三十年、石川県小中学校作文コンクールで入選した女子児童の作品である。抜粋したのは父子の会話文だが、ちりばめられた方言から生活の息遣いが聞こえてくる。

戦後、「石川県作文の会」を発足させ、作文教育に情熱を注いだ元小学校校長、石川敬信さん（72歳）は当時をこう振り返る。「全国コンクールになると、選者は東京の国語担当者が多い。方言のままでは入選しにくいので、会話文に注釈を打って出品する先生もいました。確かに、よその地方の人には分かりづらかったでしょう」

こうした会話文から今、方言がめっきり少なくなった。

平成に入ったある年の金沢市小学校作文コンクール作品集（約五十編）から、方言のある記述を拾ってみる。

「あっ、わたしと同じこと思っとるじ」「やってみんか」「お客さん、いっぱいくると思うけ?」「おれの町会もとうめいゴミ袋やぞ」など、わずかに文末に残るだけである。

「会話文は作文を生き生きとさせる大事な部分。作文の授業では出来る限り、話し手の言ったまま書くよう指導している。それでも方言がなかなか出てこないのは、子供たちの周辺で方言自体が減っているからでしょう」

国語教育の自主研究団体、「石川国語の会」代表の横山恵六中央小校長も、方言のぬくもりが作文から消えていることを実感している。

「それともう一つ、家庭でお年寄りの言葉を聞いても、文字で忠実に再現できなくなっている。作文で書こうとすると思い出せない。耳になじんでないからでしょうか」。実際、おばあちゃんの言葉も作文の中では共通語に変わるケースもみられるのである。

「東京の子供が書いても同じようなものが多くなった。日常会話にまだ方言が残っていたとしても、作文は急速に全国平均化したようです」と石川さんは言う。

日常会話と書き言葉の世界は本来、違うものである。ただ、子供たちの作文は、一面では方言の将来性を映しているとも言える。

文字になった方言、カッコ悪い？

「何しとるが」。原稿用紙のマス目にこう書いて、消しゴムで消す。そして「何しているの」と書き直す。小学校の作文の授業でこんな場面が時々見受けられる。

「方言は音声言語ですから、自分たちの口にしている言葉を文字にすると、どうもしっくりいかないようです」と中央小の山下修一先生は言う。

アクセントやイントネーションがあって初めて方言という音声言語が成り立つ。それらを抜きにすると、どうしても違和感が生じるわけだ。

最近の作文はテレビや漫画の影響が色濃い。人の会話に続く驚きの表現として「ウッソー」「ゲッ」「ドキッ」など一言ですますケースが目立ってきた。ときには、お笑いタレント、志村けんさんをまねた会話文まで登場する。

「表現方法でも、子供たちは新しいもの、流行のものを取り入れようとしている。そうなると、方言はその対極、カッコ悪いものと映りがちだ」（山下先生）

教育的な立場から「会話文はありのままに」という指導はする。ただし「方言を使って」とは厳密に言わない。

「作文はどちらかと言えば、子供たちの苦手な分野。細かく指導しすぎて、書く意欲を損ねたら元も子もない」と中央小の横山恵六校長は言う。

方言に対する意識の変化は子供たちばかりではない。横山校長はかつて、母親から「子供たちにきたない言葉を書かせないで」と言われたことがある。「ありのままに書く。そこに作文の価値があるんですが、文字になった方言をみると、やはり上品ではないと思うようですね」。

戦前の作文は明るいテーマが中心だった。家の貧富、夫婦げんか、病気など暗いテーマは敬遠された。家庭のありのままの姿を書くという指導が重視されたのは戦後になってから。しかし、そこには絶えず問題がつきまとう。

ある作文がコンクールで入選したが、その内容はお金に困って仏壇を売り払ったというもの。親が辞退を申し出て取り下げられたという。

「方言もいわば、家庭生活のあからさまな部分。プライベートな場面が生々しく描写されすぎると、かえって親の方が戸惑うのかもしれません」と横山校長は言う。

どうするガから、どうするガン

作文の世界で、方言のにおいを残しているのが会話文の文末部分である。その文末に新しいタイプが登場してきた。

過去数年間の金沢市小学校作文コンクール作品集から抜き出すと、とくに二種類が際立つ。

一つは「手ぶくろないガン」「どうするガン」「仲なおりしんガン」「何、作っとるガン」の「ガン」、もう一つは「このアゲハ、しんどるゲン」「かたづけせんゲンよ」「引っこすゲン」の「ゲン」である。

「ゲン」は金沢では若い世代を中心に広がった新方言である。一方、作文から浮かび上がった「ガン」も昭和三十年代の作文集には見当たらず、これも新しい方言と言ってよさそうだ。

「どうするガン」を本来の金沢弁で言えば「どうするガ」「どうするガヤ」になる。子供たちの使用頻度は明らかに「ガン」の方が多い。

金沢をはじめ加賀ことばの特徴は「加賀ガヤガヤ」と言われてきたが、やがては「加賀ガンガン」へと変わりそうな勢いである。

「ガ」から「ガン」の変化について、加藤金沢大助教授はこうみる。

「『ガ』だけでは音の響きが良くないと感じて、『ガ』と同じく共通語の『の』にあたる『ン』を加えることで全体に優しい響きを持たせようとしたのかもしれない」

金沢弁の「ガ」は共通語の「の」にあたる。石川、富山に存在し、福井にはない特徴である。観光客が金沢を訪れると、確かに「ガ」は耳障りだという。

この「ガ」はもともと、鼻に抜

金沢ことばの世代差

金沢ことばの世代差と言えば、高年層に使用される伝統的方言が若い世代に向かって確実に衰退していること（方言の共通語化）による世代差がまず指摘できるが、金沢ことばそのものの変化による世代差もまた見られる。

例えば、高年層で使われる文末の「～ガヤ」は、おおよそ50歳代以下の世代で「～ゲン（～ゲンをもとにさらに生まれた、～ネン、～テン、～レンなど）に変化しており、優しい命令表現として使われる「～マッシ」は五段動詞に続く場合、「頑張るマッシ」から「頑張りマッシ」のように、終止形接続から連用形接続へと変化している。ほかに、若い世代でのイジッカシー（イジクラシーからの音変化）や理由を表す接続助詞「シ」（中高年層では「サカイ・サケ」）、共通語「～クナッタ」の干渉を受けて生じた「行けンクナッタ」なども世代差の例である。

けるようにして発音する「鼻濁音」だった。ところが、若い世代では鼻濁音が減り、「ガラス」の「ガ」のように発音するケースも目立ってきた。加藤助教授が着目するのもこの点だ。

「鼻濁音で発音する人が少なくなると、金沢方言の特徴である『ガ』が、よけい耳につくようになった。こうした要因も『ガン』への変化に関係していると考えられる」

変化しても共通語化へ向かわず、方言の特徴を残しやすいのが文末詞である。感情が込められる大切な部分だからであろう。昭和三十年代の作文集にみられる「ジー」は、今の作文でも頻繁に登場している。

えとぉんねぇ、ほんでぇんねぇ

伸びながら揺れるイントネーションが子供たちの会話にあふれている。「あのぉんねぇ」のような言い方である。大徳小六年二組の児童の発言から拾ってみた。

「サッカーのおもしろい点は?」「なんかぁんねぇ、ゴール近くの攻撃でドキドキするところ」

「野球は?」「えとぉんねぇ、ホームランぶちかましたとき」

このほか、「ほんでぇんねぇ」「んでぇんねぇ」、「オレぇんねぇ」「ウチぃんねぇ」など、波打つようにしっかりと揺れる。

こうした金沢弁の特徴が拡大しているということは、子供たちの共通語化に逆行しているようにも思える。しかし、こうした揺れるイントネーションが目立つのは、そもそも共通語の「ね」をつける機会が多くなったことが原因だ。

「ほんで」に「ね」を加えて「ほんでね」とし、共通語らしく見せようとする。共通語化の動きとも符合するのである。結果的には、そこに揺れるイントネーションが乗って方言色が際立ったというわけだ。

かつての国語教育は読み書きが中心だったが、最近は「話すこと、聞くこと」が重視され、授業の中でも児童に発言させる機会が増えている。揺れるイントネーションも指導の対象になるのだろうか。

「話し方を学ぶ授業は、共通語を使いこなすのが狙い。揺れるイントネーションは共通語の枠外にあり、授業や集会活動などで出てきたら当然、指導すべきだ」というのは金沢市小学校教育研究会国語部会の正見巌部長(諸江町小校長)。

確かに、東京でこうしたイントネーションが抜けず、恥ずかしい思いをしたという若者のエピソードもある。公的な場面ではマイナスのイメージを持たれやすい。

それでは授業以外ではどうか。「私的な場面で使っていたとしても、そこまで立ち入る必要はない。要するに、共通語と方言を使い分けできるかどうかが問題なのです」（正見部長）。

甘えた感じがするこの種の揺れるイントネーションは、子供の時期だけの〝世代語〟という指摘もある。子供たちの話しぶりがそのまま大人になっても続くかどうかは、教育的効果も含め長い目で観察する必要がありそうだ。

先生いまむかし

「方言を矯正せんとするにあり」標準語教育の一端から

「石川縣《けん》方言彙《い》集」という一冊の本がある。明治三十四年、石川県教育会によってまとめられた本の復刻版である。

昔ながらの味わい深い言葉を紹介し、地方文化を見つめ直すのが最近の方言集だが、この本の目的はそうではない。前文にはこう記してある。

「本書を編さんせし趣旨は、県下の教育に従事する者の参考に資して方言を矯正せんとするにあり」

つまり、こんな方言を使うな、という矯正本なのである。上段に方言、下段に「普通語」を対比し、さらに解説も加えてある。

たとえば、「わやく」という言葉。金沢では冗談の意味だが、解説では「わやく」は本来、無理なことであると〝使用上の注意〟を呼び掛けている。さらに、「うまそーな」では「肥大なるの意なり。もっとも通常、物の味などを形容するにも用いる」と指摘し、意味のズレを説明している。

なぜ、こうした方言矯正本が生まれたのか。松任市（現白山市）木津町の元小学校校長、石川敬信さん（72歳）はこうみる。

「標準語は正しいもの、方言は誤ったものという時代だったんでしょう。とりわけ学校の先生は方言退治の中心だったと思います」

実際、石川さんが保管している明治三十三年の教育機関誌には、方言を「百万石時代の遺物」と受け止め、「ふだんは一向にその悪臭を感ぜぬが、時々他国の人に、ことばじりをとられて驚くことがある」とし、一刻も早く直さなければならないと書いてある。

標準語教育が始まったのは明治の時代から。藩政期は、違う地方の人同士が話しても意味が通じないほどだった。明治政府が着手した第一の仕事は国家統一であり、それは言語の統一でもあった。

金沢にこんなエピソードが残っている。

明治十一年に明治天皇が金沢を訪問されたが、その際、金沢医学所の卒業生二人が御前講演した。彼らが直前まで苦心したのは、講演の内容はともかく、いかにして方言を使わずに話をするかであった。明治から大正、昭和へと標準語教育は徹底され、その裏返しとして方言追放の機運が高まっていった。

かなしいもいけません

昭和六年から小学校の教壇に立った金沢市円光寺本町、高木茂雄さん（84歳）も標準語の普及を目指した一人である。

「戦前は標準語、標準語とやかましい時代でした。国の方針も中央統制、国民の方向を一つに向けるということで、授業では方言になじむことならんぞ、という雰囲気でしたね」

こんなエピソードがある。ある日、児童の服のボタンがはずれているのを見つけた。それを指摘すると「あら、かなっしゃなー」という言葉が返ってきた。「かなしい」を「恥ずかしい」という意味で使うのが金沢弁の特徴だった。

この「かなしい」について、高木さんは泣きたくなるほどつらい、切ない意味だと説明し、そういう場合は「はずかしい」を使うべきだと教えた。それでも子供たちから「かなしい」という言葉は消えなかった。

「家へ帰って、恥ずかしいなんて言うと、何と自慢らしいヤツやと親、兄弟から思われる。学校でせっかく標準語を教えても、家庭では標準語が存在しない時代ですから、子供たちもなかなか覚えないわけです」

標準語教育に携わっていた先生の中には、こうしたジレンマも存在していたようである。明治から始まった方言矯正の流れは戦後もしばらく続いた。戦後第一回にあたる昭和二十二年の小中学校学習指導要領には「話しかた学習指導上注意すべき点」として、「できるだけ、語法の正しいことばを使い、俗語または方言を避けるようにする」とある。

もちろん、指導要領は私生活の言葉使いにまでは言及していないが、ややもすると方言を悪いものと認識しがちな表現である。

「テレビもない時代では、われわれ教師が標準語のお手本にならなければならない。しかし、おのれ自身が正しい標準語を使っているかと言うと、そうでもない。何となく矛盾も感じていました」と高木さんはいう。

学習指導要領で、標準語と方言を使い分けしようという表現が出てくるのは昭和三十年代に入ってからである。そのころから「共通語」という新たな呼び方が目立ってきた。

方言話す児童にイエローカード

明治から存在した「標準語」とは別に、戦後、「共通語」という新たな言葉が生まれた。

広辞苑を引くと、標準語は「一国の公用文や学校・放送などで用いる規範としての言語」、共通語は「いくつかの言語や方言を持つ言語社会の全域にわたって、共通に通用する言語」となっている。

石川敬信さんは「標準語には、一種の統制、強制の響きがありました。共通語という言葉が生まれた背景には、戦前の標準語教育に対する反発もあったのでしょう」と振り返る。

しかし、そうした「共通語」の時代に入ってもなお、方言矯正の名残は残った。昭和三十年代後半、金沢の小学校で、方言を使用する児童には罰として札を持たせる先生がいた。サッカーで言えば、悪質な反則に与える〝イエローカード〟のようなものである。

これと似た方法は、戦前の沖縄で行われていた。「方言札」とか「私は方言をしゃべりました」と書かれた木の札を首に下げたり背中に張りつけるもので「方言札」と呼ばれた。別の地方では方言票を作成して児童に渡すなど、全国的に方言撲滅、方言矯正運動が広がった時代である。

金沢の先生がこれらをまねたかは分からないが、とにかく子供たちに方言コンプレックスを植えつけたことは想像に難くない。

さらに、昭和四十四年に発刊された『美川町文化誌』の第八章「言葉」の中には、こんな記述もある。

「使用する方言の多少は、教育の普及や文化の変遷を知るバロメーターであるといっても過言ではない。一日も早く方言の使用が少なくなるよう、お互い努力したいものである」。

方言復権が叫ばれ出したのは、昭和五十年代に入ってからである。矯正を目的としない方言集が相次いで出版され、テレビなどの影響で共通語化が急速に進んだ結果、消えようとする方言を懐かしむ雰囲気、方言の見直しが広がってきた。そして今、国語教育も新たな局面に差し掛かったといってもよい。

「日本語は共通語だけではない。もっと積極的に方言の役割を見つめ直してもよいのではないでしょうか」。戦前から一貫して方言の良さを訴えてきた石川さんの思いである。

方言を教材にするのは難しい？

方言を教材として扱うことをどう思うか――。金沢大教育学部国語教室（加藤助教授）が平成五年、県内の小学校の先生を対象にこんなアンケートを実施した。

無作為に選んだ八十二人中、「賛成」は三十六人、「反対」は二人、「どちらとも言えな

い」は三十五人、無回答は九人という結果だった。

賛成理由は「共通語にない味わい深さが理解できる」「地方の文化を知ることにつながる」という意見に集約される。一方、反対派は「表面的な学習は必要ない」「方言の持つぬくもりは教えて分かるものではない」という理由だった。

この調査で浮かび上がったのは、「どちらとも言えない」が「賛成」と同じくらい多かったことである。その理由として目立つのは、方言をどう料理していいか答えが見いだせないという点だ。具体的な意見は次の通りである。

「方言の良さは、そのまま残したいが、きたない言葉は使わせたくない」

「その地方の方言の正答がないので、授業でまとめられない恐れがある」

「うまく指導しないと方言の良さを分かってもらえない」

方言の意義を認めながら、何となく及び腰の姿勢も見えるのである。

その一方で、国語教育に方言は必要ないという意見もあった。「学校では共通語の指導をし、方言は家庭・地域で教えるのが好ましい」という考え方である。

しかし、学校教育に方言はなじまないという先生の意識が、方言に対する無理解につながっていかないだろうか。

実際、金沢市内の小学校四年生の授業でこんな場面があった。

「みんなはどんな方言を知ってるか」と先生が質問すると、児童は首をひねり、しばらく答えがなかった。「ほんとに知らんがか、こんな言い方も方言やぞ」と水を向けると、やっと「ほうや」「そうやがいね」「すごいジー」など、ふだん口にしている言葉が出てきた。

何が共通語で、何が方言か。共通語化が進んだ現在、子供たちが方言を意識する機会は確実に減っている。

「方言が生活の中でどう機能しているか、その役割を考えることが共通語の理解、ひいては実りある国語教育にもつながっていく」と加藤助教授はいう。

地元の方言は授業の付録

金沢の小学校で唯一、方言を扱う授業がある。だいたい四年生の二学期に設定されている。「方言と生活」と題した授業の中身をのぞいてみた。

諸江町小では、金沢の方言集から昔ながらの言葉を抜き出してプリントし、児童に調べさせた。

「かさだかな」「きのどくな」「いさどい」「むさい」「めとにする」など五十の言葉があり、自宅へ持ち帰って空白部分に意味を書き入れさせる方法である。

その際、「加賀囃子《ばやし》」という民謡の意味も調べさせたが、授業が終わると「金沢なまりは　いってらっし　ごきみっつあんな　おゆるっしゅ」というフレーズを口ずさんでいた男子児童もいたという。「おじいちゃんから教えてもらったと言ってましたが、あまりにも、のみ込みが早くて驚きました」と、当時の担任だった桜ケ平ひとみ先生は振り返る。

大徳小でも、この「加賀囃子」を使った授業をしていた。このほか、児童にア行、カ行、サ行などを分担させ、「金沢方言辞典」をつくったという試みもあり、それぞれ工夫している様子がうかがえる。

しかし、すべての先生がこうした授業をやっているかと言えば、そうでもない。

国語では、読む、書く、聞く、話すという大きな目標があるが、この「方言と生活」の狙いは、読む力を養うものである。金沢市教委が教科書に沿って作成した学習目標にも、主眼は「筆者の考え方を読みとり、正確にまとめることができるようにする」とある。

つまり、地元の方言まで取り上げるというのは、教科書の内容から一歩踏み込んだ「発展学習」に位置づけられ、必須の内容ではない。「地元の方言はあくまで付録にすぎない。やらないより、やった方がましという程度」という先生もいた。

「方言と生活」の文章を見ると、東北、中部、関東などの方言を示しながら、共通語との違い、それぞれの役割を説明している。この教材に関しては、先生の間で「他の地方の方言では、その良さが子供たちに伝えにくい」という意見があるのも事実である。

そこで地元の方言を取り上げれば、児童の興味を一層引き出せると思うのだが、こうした「発展学習」は、先生個人の熱意と時間を要するものらしい。

古い方言だけを扱う〝遺跡発掘〟授業も

児童に古い方言の意味を尋ねると、「英語みたい」と言われることがある。かつて頻繁に使われていた言葉も、耳になじまなければ異国の言語に聞こえるようである。

金沢市内の小学校で使われている方言の授業のプリントがある。「カザがする」「ハンチャボにせんと」「ソクサイですけ」「メトにしとる」など、古くからの金沢弁が並んでいた。

「カザ」は「におい」、「ハンチャボ」は「中途半端」、「ソクサイ」は「元気」、「メトにしとる」は「バカにしている」という意味になる。これらも児童にとっては英単語を解くようなものかもしれない。

明治時代に発行された県内の教育機関誌をみると、「地方語（方言）より普通語（共通語）に移るは、邦語（日本語）より外国語に移ると一般であります」と、先生が共通語を教える難しさを実感している。共通語が普及した現在、児童にとっては古い方言も難解な言語である。

現場の先生の間には、こうした古い言葉だけが方言であるという認識も見え隠れする。「子供たちが使っているイジカッシーは方言ではない。イジクラシイが正しい方言だ」というベテランの先生もいた。

もちろん、古い言葉も地方の文化を考えるうえでは大事なのだが、子供たちにいかに興味を持たせるかという学習教材の視点に立った場合、果たしてどうだろうか。

せっかく、授業で地元の方言を取り上げても、〝遺跡発掘〟だけに終わっては、「方言はおじいちゃん、おばあちゃんの言葉」という子供たちの考え方は変わらないだろう。

そうした授業にならざるをえない別の側面もある。

古い方言ならいくらでも資料がある。しかし、子供たちが実際に使っている方言、なじみのある言葉となると、ときには自ら教材をつくる必要も生じてくる。そこまでやるにしても、時間的な余裕がないというわけだ。

もとより、方言は教育現場でそこまで重視されていないのが現状である。国語審議会でも、ようやく「方言見直し」の論議が始まったばかりである。

国語審議会も「尊重」

「頑張りまっし金沢ことば」の初版が発刊された平成7年、国語審議会の報告に「方言の尊重」が盛り込まれた。方言を「地域の文化を伝え、豊かな人間関係を担うものであり、美しく豊かな言葉の一要素」と位置づけ、尊重のための方策として、子供とお年寄りのコミュニケーション促進や、他の地域の言葉について理解を深めることの重要性が提言された。この時の報告では、ら抜き言葉について「現時点では認知しかねる」とされ物議を醸したが、方言の価値には「お墨付き」が出ていた。

この後、石川県内でも方言は学校教育現場や地域社会で存在感を増し、研究、保存、活用に、さまざまな取り組みや工夫がなされている。

味わい再び

「図書館から本かってきた」はへん？

「ちょっと隣の家からハシゴかってきて」

こんな会話を東京の人が聞いたら、隣の家は荒物雑貨店かと思うかもしれない。金沢で「かってくる」と言えば、「借りてくる」という意味になる。お金を払う時の「買ってくる」は、「こうてくる」である。

「昔は買うより、借《か》ってくることが多かったですよ」というのは金沢市十一屋町の金森恵子さん（58歳）。近所付き合いの中では、みそや塩、米などを借り合う光景も少なくなかった。足らざるものを補うという共同体意識が強かった時代である。

「『かってくる』の前には『ちょっと』がつくことが多いと思います。貸したり、借りたりできる気楽な近所付き合い、信頼関係があったからでしょう」

現在では一時的に必要なものでも、レンタルショップへ行けば、スーツケースや日曜大工用品、電化製品など、ありとあらゆるものがそろっている。もちろん、そこでは借りるといっても、お金を払うわけである。「そういう場所へ行く時は『借りてくる』と、かしこまっていうかもしれません」と金森さんは言う。

江戸期の唯一の全国方言集『物類称呼』にはこう記してある。「京都にて、借《か》ってこいといふは、江戸にていふ借《かり》てこい也」。「かってくる」は、かつては京都を中心に西日本で広く使われていた言い方らしい。

しかし、この「かってくる」も次第に衰退し始めた。

その理由は、やはり共通語の「買ってくる」の影響である。語形が同じで、意味が異なる言葉同士がぶつかり合うことを「同音衝突」と呼ぶが、この場合は衝突した結果、混乱を避けるために「買ってくる」に一本化しようとしているのである。

「かってくる」の意味のズレによってこんな場面も出てくる。

子供がテーブルの本をみつけて「おじいちゃん、これどうしたの」と聞いた。「図書館から、かってきたんや」というと、子供がけげんな表情で「図書館で本が買えるはずない」としかったという。

部屋がムタムタ、話がチャガチャガ

母親が一人暮らしの息子の部屋を訪ねたりすると「なんちゅうムタムタにして」という。

「ムタムタ」は部屋が散らかっているさま、雑然とした様子を表す。

この擬態語を掲げた店が、昭和三十年ごろまで近江町市場にあった。「ムタムタや」である。まいかけ（エプロン）、下着、ふんどし、足袋などが雑然と店内に並べられていた。

現在は丸年呉服店という名称になっているが、当時から同店に勤める寺田善治さん（83歳）は「衣類なら何でもこいのムタムタな店でした。それがかえって庶民的な雰囲気で喜ばれたのでしょう」と振り返る。

古くからのなじみ客は、今でも親しみを込めて「ムタムタやさん」と呼んでいるらしい。

この言葉は他の地方にも意味を変えて存在する。たとえば富山県では、むなしく過ごすという意味で「ムタムタな一日やった」という。青森県津軽地方では猛然とした、がむしゃらな様子である。「住民がムタムタと町長室へ入って直談判した」という使い方である。

金沢の人が聞いても、今ひとつ雰囲気が伝わってこない。

金沢の「ムタムタ」がどちらかと言えば、目に見える乱雑さを表すのに対し、目に見えない乱れを指す言い方もある。

「話がチャガチャガや」。筋道の立たない、メチャクチャな状態である。「ととのわん話」をしていると、いつの間にかこうなってしまう。いったんほめて、けなした場合には「人をチャガチャガにして嫌な人や」と言われる。心が乱れた状態である。

風邪ぎみで、悪寒を感じる時の言い方にも地域差が出る。

金沢では「おぞけが立つ」という表現があるが、擬態語では「スースーする」である。福井市では「ウソウソする」、松江市では「スワスワする」になる。仙台市では「サラサラする」であり、鳥肌は「サラサライボ」となるそうだ。

ゆっくりと物事を進める時は「ヤワヤワとやんまっし」、子供が深夜までテレビに夢中になっていれば「目をカガカガにして」。これらも共通語にない言い回しである。擬態語は表現豊かな方言世界を象徴しているとも言えよう。

停車場から汽車に乗り尾山へ

金沢市郊外、JR森本駅前で濃密な方言が飛び交っていた。波自加弥《はじかみ》神社宮司、田近章嗣さん(36歳)がファクスで再現してくれた。

「ばあちゃん、どこいくまさらんけ?」

「きゃ(今日)まい(うまい)日でごぜぇみすさけ、尾山(金沢)の別院に参《まい》んに行きみす」

「ほりゃ、いい心掛けやね。ごせっかくな」

「おあんさんは、どこけ?」

「わしゃゲスビタ（尻）のカンヌキ（穴）が痛なったもんで、痔かと思て医者にみてもろがや」

「ほんながけ、ウラ（私）も冬の時分のシンバリ（しもやけ）が治らんで、今でも膏薬《こうやく》ぬっとりみす」

「ところで、ばあちゃんとこの停車場《ていしゃば》行っとる三男さんな、でっけぇ家建ててんて」

「おかげさんで、ウチのコッパおじゃ、オモヤ（本家）のおやっさんに地面分けてもろて、マタアジチ（分家の分家）したがです。ナンマイダブ……ん」

「ほりゃ、よぉごぜぇんしたね」

「ありゃ、汽車が来みしたさけ、ここでおいとまいたします」

おばちゃんは七十六歳だが、田近さんの受け答えはとても三十代とは思えない。こちらから電話すると、第一声は「神主でごぜぇみす」だった。

「うち（氏子）はお年寄りが多いせいかワシもこんな話しぶりが自然に出てきます」と田近さんはいう。

金沢を「尾山」と呼ぶのは郊外の人に目立つ。金沢は尾山御坊を中心として形成された街である。中心街へ向かうことは「尾山へ行く」なのである。

電化した列車でも「汽車」と言う人は案外多い。若い人が「電車で東京いってきた」といっても古い世代はピンとこない。「電車」というと、かつての路面電車を思い浮かべるからである。そういう人は今でもJRの線路を走るのは「汽車」、北鉄浅野川線などを走るのは「電車」と使い分ける。「停車場」は蒸気機関車が走っていたころの駅の呼び方である。

「尾山」「汽車」「停車場」。時代は移り変わっても、歴史が染み込んだ言葉は抜けないものである。

究極のリラックス状態、なごなる

他人の家を訪問すると、家人がこう言って出迎えてくれることがある。「よう来てくれた。まあ、なごなるまっし」

「なごなる」とは「長くなる」、つまり体を伸ばして横になる、寝そべるという意味になる。しかし、額面通り寝そべっていては失礼にあたる。座ぶとんに正座して

緊張していると「もっと楽にして」と家人が気づかうのである。

人間の標準的な三つの体位は「立つ」「座る」「横になる」だと言われる。この場面の「なごなる」は、「座る」より一段階リラックスした状態、「座る」と「横になる」の中間の体位と考えた方がよいだろう。

本来は、やはり親しい間柄で交わす言い方である。

「娘が実家へ帰ってきたとき、母親が離れた娘の家へ遊びに行ったときなど、肉親の間で使うことが多い。くつろぐ究極の状態が『なごなる』です」というのは金沢市横川二丁目、此下鉄男さん（67歳）。体を伸ばすだけでなく、精神的な疲れもいやしてほしいという意味も込めている。この場合は三体位の「横になる」と同じである。

こうした言い方は岩手、宮城、山形など東北地方にも存在する。和歌山県の一部では「なごならす」という言い方がある。けんかして相手を殺すという物騒な意味である。

「なごなる」は、畳の生活ではぐくまれた言葉といってもよい。ソファにテーブル、いすの部屋では長くなりにくい。生活の洋風化が、言葉の盛衰に影響を及ぼしているようだ。

「ねまる」も畳の上に座る場合が多い。あぐらをかくことを「あぐちかく」、正座することを「うつぶらいかく」という言い方もあった。これらは日常会話で使用頻度が減っている。

最近、足首の両側の丸く突出した部分を指す「くるぶし」の意味が分からない人も増えてきた。

「方言調査で、中学生などにこの部分の名称を尋ねても答えが得られないことが多い。あぐらをかくとき、足袋をはくときに必ず注目された部分だが、今の日常生活ではほとんど意識されなくなっているからだろう」と加藤金沢大助教授はいう。

いすに座っていれば、「くるぶし」が痛むこともないわけである。

会話のはやしことば「ああ、はや」

元知事の田谷充実さん。昭和三十八年に亡くなるまで二期八年（三十年二月—三十八年二月）、県政のかじ取り役を担ったが、その田谷さんに口癖があった。「ああ、はや」である。

「さすがに議場では出ませんでしたが、知事室では、ちょっとした思い違いをすると、やれやれ、といった表情で連発していました。この言い方が一番の特徴でしたね」。田谷さんの知事時代に秘書課長を務めた元県議、佐々木博さん（83歳）にとっても、「ああ、はや」は思い出深い言葉である。

昭和三十四年二月、知事選で再選された翌日、田谷さんは北國新聞記者のインタビューにこう答えている。「君ィ、いまは当選の喜びだけだよ。そうじゃないか、アッ、ハイヤー」。当時はこんなふうにも聞こえたらしい。剛直、あけっぴろげ、〝野人知事〟と評された人らしい言い方である。

辰口町（現能美市）出身だった田谷さんだが、この「はや」は金沢を中心とした広い範囲で今でも使われている。「いろいろお世話になりまして、はや」「きょうは疲れたぞいや、はや」「いつも、はや」といった具合である。

日本方言大辞典を引くと、「はや」は金沢のほか、富山県、福島県でも使われている。「まあ」「どうも」「ほんとうに」など、軽く意味を強めたり、会話の調子を整える。要するに、「よさこい」「さのよいよい」のように「はやしことば（囃子詞）」的な役割なのである。

共通語の「はい」も最近、イエスの意味を失い、「はやしことば」のように用いられるようになった。「ということでございまして、はい」といった言い方である。

さらに、金沢弁のトレードマーク「ダラ」も、「バカ」という意味を薄め、受け答えの中で単に感情を強める飾りとして何気なく挿入されることがある。

これらは言葉の役割が変わるケースだが、「はや」のように「はやしことば」的な機能だけ持つ言葉は数少ない。それ自体に特別の意味はなくても、話し手の微妙な感情が込められる部分であり、共通語に置き換えにくい方言の一つである。

せわしない子にはちんとしとろ

騒がしい子供たちをなだめる時にどんな言葉を使うか。金沢市の粟崎保育園園長、熊谷悦子さん（62歳）は「今では口にする機会が少なくなりましたが、せわしない子にはやはり、これが一番多かったですね」という。「ちんとしょ」である。

「ちんと」は副詞で、本来は整っている様子を表す。それが金沢では、動かずにいるさま、「じっと」という意味になる。

「ちん」自体は漢字を当てると「鎮」「沈」などが浮かぶが、語源についてははっきりしない。「きちんと」の「き」が脱落したもの、「ちゃんと」の変化など、いろいろな可能性が考えられる。

一方、金沢には「おっちゃんしとろ」という言い方もある。こちらは座ることを意味する。愛知県や兵庫県では、子供が座ることを「おちゃん」と言う。能登では「おっちゃいしとろ」である。

こうした言葉を使うのは、もっぱら子供に対しての場面だ。幼児が口にする言葉を「幼児語」と言うが、大人から子供へ向けての言葉は「育児語」と呼ばれる。

とくに「ちんとしとろ」「おっちゃんしとろ」は、金沢のしつけの生活の中で欠かせない言葉だった。

子供ばかりとは限らない。妻が夫に向かって「ちんとしとんまっし」という場合もある。夫婦から母と子の関係になる時であり、夫が子供扱いされるわけである。

保育の現場では、こうした言葉は少なくなった。若い保育士さんは、騒がしければ「静かにして」である。

古い世代になじみの深い言葉であっても、使う機会自体があまりない。今は零歳児から保育所、保育園に通う時代である。核家族化と合わせて、祖父母が保育に占める役割は低くなっている。

「ちんとしとろ」と言っても騒いでいる場合、祖父母は「チミチミすっろー」といった。「チミル」、つまり、つねるわけである。子供の場合だと、なぜか「チミチミ」と繰り返す。

この「チミチミ」が子供心には怖いお仕置きの響きがあり、すぐさまおとなしくなるのである。しかし、これも子供ばかりとは限らない。恋人同士で意味不明に交わす場面もあるらしい。

ダンダ上がったらバーコきよ

「風邪ひくさけ、ダンダ上がったら、はよバーコきんなんよ」

「ダンダ」は北陸を中心に使われているが、全国的にふろの幼児語、育児語は多様である。岡山では「ターター」、徳島、和歌山県では「タンタ」がある。子供がふろを嫌がらないように、各地でユニークな言い方が存在しているようだ。

「昔は、百かぞえるまで、つからんといかんよ、とよく言いました。子供にとっては苦痛だったかもしれません」というのは吉川敏子さん（62歳）。吉川さんの言い方は、子供が二歳ごろまでは「チャッチャ」、それから小学校までは「ダンダ」に変わったという。

飲むお湯は「ブー」である。上品に「おブー」という場合もある。ジュース類も普及していなかった時代、「ブーのんまっし」と言って子供に飲ませたらしい。

「乳くれる親はあっても、ブーくれる親はない」という言い回しもあった。「子供にお乳を飲ませるのは当たり前。お湯を飲ませるような心配りがあって本当の親だと、私自身が親から教わりました」と吉川さんはいう。「ブー」は番茶や水を含むという人もいる。「チータラッタ」とは何か。金沢市尾張町二丁目の木倉屋銈造さん（81歳）は「粟ケ崎遊園でよく乗ったもんです」と懐かしがる。シーソーのことである。

木倉屋さんにとっての「チータラッタ」は、戦前「北陸の宝塚」とも呼ばれた遊園地のにぎわいとだぶるようである。

全国的には「ギッコンバッタン」系が多い。大分では「ギッコンバタリコン」、熊本では「ギッチャンバッチャン」、山形では「ギコバタ」である。しかし、金沢の言い方は、これらとは種類が違うようだ。

このほか、豆腐の幼児語として「トッペ」もある。

これらは大人が子供に語りかける育児語であり、子供自身が口にする幼児語でもあった。北陸学院短大の児玉衣子教授（保育）は「幼児語で接するということは大人が子供に近づくこと。そうしたやり取りによって、子供は親の気持ちを敏感に受け止めている」という。地方独特の幼児語、育児語が消えていくのは寂しい限りだ。

火事はクヮジ、家事はカジ

古い世代から、こんな発音を聞くことがある。「会社」を「クヮイシャ」、スイカを「スイクヮ」、観音を「クヮンノン」という言い方である。

なぜ、こんな発音になるのか。「これらは古い時代に、漢語と一緒に中国から入ってきたもの。かつての日本の標準的な発音だった」というのは加藤金沢大助教授。「クヮ」のように表記する音は専門用語で「合拗音《ごうようおん》」と呼ばれるらしい。

「カ」がすべて「クヮ」になるかと言えば、そうでもない。

たとえば、火の不始末で起きる「火事」と、料理や炊事、洗濯の「家事」。古い世代の発音は「火事」が「クヮジ」であり、「家事」は「カジ」である。火事が起きると「クヮッジャー」と叫んだ。現在では同音意義だが、かつては発音上、しっかり区別ができたのである。

戦前の歴史的仮名使いでは、「会社」を仮名で表記する時は「クヮイシャ」だった。しかし、東京などでは早くから「カイシャ」という発音に変わっていた。

「これらの発音と同じように、北陸、東北、九州などでは、先生を『シェンシェー』、税金を『ジェーキン』という古い発音が今でも残っている」と加藤助教授は言う。

古い世代は、「ディスコ」を「デスコ」、「ティーシャツ」を「テーシャツ」と発音しがちだが、これらは自分たちの発音の体系に「ディ」「ティ」という音がなかったからである。若い世代がいとも簡単に発音できるのは、外来語が聞こえてくる環境で生まれ育ったからであろう。

「T字路」も古い世代は「ティージロ」ではなく、「テージロ」という場合がある。これについては、アルファベットの「T」ではなく、「甲乙丙丁」の「丁（テー）」だと理解しているためとも考えられる。

自分が身につけた発音というのはなかなか抜けないものである。しかし、戦後、歴史的仮名使いから現代仮名使いに変わって、「正式な発音」という後ろ楯を失っている現在、「クヮジ」のような発音は消えゆく運命にあるようだ。

方言はどこへ

ドラマに生活の息遣いを

ドラマや映画に出てくる方言は、地元の人には気になるものである。言い回しに不自然さを感じると、その世界に溶け込めない場合さえある。

昭和六十二年、NHK銀河テレビ小説で「かなかなむしは天の蟲《むし》」という作品があった。舞台は金沢の造り酒屋。そこのおばあちゃん役だった原泉さんが「だまりまっし」と従業員をたしなめたり、「あんやと」とお礼を述べたりする場面があった。ただし、他の出演者も含め、日常会話で飛び交うような方言は意外と少なかったというのが全体の印象だ。

舞台を提供した金沢市大樋町、やちや酒造会長の神谷ますみさんは当時をこう振り返る。「金沢弁をそのまま出すと他の地方の人が理解しにくいということで、雰囲気を出す程度にとどめたようです」。

確かにドラマの方言に求められるのは、ある程度全国の人が理解できることであろう。何度もテレビドラマ化された「ゼロの焦点」にしても、文末に方言を挿入する程度だった。ドラマがフィクションである以上、その中で交わされる言葉はあくまでセリフなのである。

さらに、金沢弁の方言指導を手がけている東京の劇団テアトルエコーの山崎哲也さん（37

歳・金沢市出身）は「どんなに優れた役者でも、自分の出身地と違う方言のアクセントや発音まで写し取るのは不可能に近い」とも言う。

そうした制約の中で、ドラマの方言を見直そうという動きも出ている。日本俳優連合が数年前に発足させた「方言指導者懇談会」（後に「方言指導研究会」に改称）は各地の方言指導者を確保することで、より現実に近い方言をセリフに反映させようという狙いである。

かつて地方を舞台にした作品では、その土地の風景、名産品、民謡などで地方色を出していたが、人々の生活の息使いを伝える道具として方言が重視されてきたようだ。「方言を共通語に置き換えるというドラマ制作側の配慮が、実生活の方言の共通語化を促したという一面もある。これからは方言を次代に引き継ぐという視点も必要になってくる」というのは、「方言指導者懇談会」の代表であり、ＮＨＫの連続ドラマ「春よ、来い」で大阪弁の方言指導を担当している大原穣子さんである。

現実的な響き、CMにどう生かすか

テレビで流れたビール会社のCMで、男性が缶ビールをぐいと飲みながら「うめーぞいや」と言うシーンがあった。北陸限定出荷ということで地元意識を打ち出したものである。こうしたCM、方言見直しの動きに呼応して増えているかと思ったら、そうでもないらしい。CM制作を手がけるフィックスのプロデューサー橋本幹也さんは「金沢弁というのは、受け手にとっては何となく気恥ずかしさを抱きやすい。CMから方言が流れることに慣れていない一面がある」と指摘する。

ふだん何気なく口にする方言も、強調されすぎると、くすぐったい感覚にとらわれる。共通語のしゃれたCMのあとで流れると、よけい現実的な響きが際立つようである。

CMで方言を使う場合、問題となるのは、やはり商品イメージとの兼ね合いである。たとえば、福井県に本社を置く安売り電化製品店がCMで起用しているのは、迫力ある大阪弁の中年女性。「おとうちゃん行くで。洗濯機も冷蔵庫もアンタと一緒でボロボロや」というセリフは、「商魂イコール大阪弁」というイメージを前面に押し出している。

金沢弁で抱くイメージとはどんなものか。和菓子のCMで「城下町金沢のあいそらしい味を……」というフレーズがあるが、これをつくったフリーライタの坂本善昭さん（50歳）は「あいそらしい、という言葉の響きに、落ち着いた街の風情がある。これなら和菓子にもぴったりする」と言う。金沢弁の情緒的な部分に着目したらしい。

最近、無生物に金沢弁を語らせるケースも出てきた。バッティングセンターのCMでは、ボールが「私ら、たたかれてなんぼの仕事やさけぇ、からだなんか、けっこ、きついげんちゃねぇ」とおしゃべりする。そこには人間が話す生々しさはなく、アニメ的な発想で方言のユニークさを引き出している。缶ビールが方言を話す酒屋のCMも同様の狙いであろう。

「方言を逆手にとって、ひとひねりすればインパクトは十分引き出せる」というのはアビックスタジオ金沢の千田和宏専務。となると、CM業界における方言の可能性は制作者側の包丁さばき一つといったところか。

舞台のセリフは〝非日常的方言〟

「あら、まつ子ちゃん、どこやと思ったら……。さ、さ、早よ、二階へ上がるまっし。

一人娘のあんたが御膳《ぜん》に座らんと、格好つかんがいね」

平成四年に鏡花劇場が金沢で公演した「白梅《うめ》は匂へど……」では、こうした金沢弁が全編にわたって登場した。まつ子役を演じた金沢市御所町、高輪真知子さんは「観客の反応がストレートに伝わってきました」と振り返る。

地方演劇で方言を生かした作品が増えている。この作品も、金沢の友禅職人の家庭を舞台に、方言を通して人間模様を描いたものである。ただし、そこに登場する方言も、厳密には日常の言葉を写したものではない。

「芝居のセリフは凝縮した金沢弁。効果的な言葉をすくい上げるという意味では日常語を強調した形になっている」というのは、一杯飲み屋のおかみ役で出演した梅村澪子さん。舞台の方言は、いわゆる「聞かせる方言」である。発音やイントネーションも「聞きやすさ」が前提であり、テレビドラマよりは誇張した金沢弁と言えるかもしれない。

鏡花劇場代表、松田章一さんは脚本を書いた立場から「非日常的方言」とみている。日常の会話では、後になってから「ああ言えばよかった」ということがよくあるが、脚本では、そうした言葉を整理して組み立てる。言い換えれば〝計算ずみの方言〟である。

「あんなやくちゃもない娘が乗っとったら、だいばらや」と昔ながらの言い回しを連続させるのも、東京から来たその「娘」との言葉使いの対比を意図したものである。

演劇での方言はどんな役割を果たしているか。松田さんは「共通語のような意味的なインパクトはない。共通語でだいたいストーリー展開し、方言は感情、生活実感を伝える部分になる」という。松田さんが書き下ろした「島清、世に敗れたり」では、島田清次郎のセリフで「ばかばかばか……」と叫んだあと最後に「だらー」と言うのがあった。「人物の存在を説明する場合、共通語では十回必要でも、方言なら一回ですむ場合もある。たった一言で生い立ち、生活状況など人格が表現できるのが方言でしょう」言葉の背景を操って、セリフを構成するのが方言芝居の魅力らしい。

視覚で訴える文学の世界

「明治二十五年の生まれやさけ、いくつになるいね。……八十八にもなるかいね。おォとろっしゃ、化けもんほども長らに生きてからに」

井上雪さんのノンフィクション小説「廓《くるわ》のおんな」に登場する山口きぬの語りである。この作品は、実在した人物からの聞き取りをもとに、金沢・東茶屋街の習俗と生活を描いたものである。

冒頭のセリフはこう続く。「人さんからみたさいな、おろおろと生きながらえて、まだ何をしとるがやらと思うまさるかしれんけど、なあん短い一生でありみした」。

この作品の会話文について、国文学の権威、川口久雄金沢大名誉教授は「缶詰にされた金沢ことばのなまの口吻《こうふん》がつとめて記録された」と評した。

方言というのは、もともと音声言語である。小説の世界では、そうした音声が消え去り、テレビや舞台のように聴覚から理解することはできない。「生の言葉を視覚でどう伝えるか。これが方言を書き留めるうえで注意を払う点です」と井上さんは言う。

たとえば、「廓のおんな」の中で「鼻のうまそい子ォやった」とか「前の日ィから」「目ェにも口んなかにも」という言い方がある。「目」を「目ェ」、「手」を「手ェ」などと伸ばすのが金沢弁の特徴の一つであり、小さいカタカナ表記を用いることで方言らしさを表現した。

さらに、活字の特徴を生かしたのが「お客さんに連《つ》んだって」「愛想らしかった」「朝ご飯をいっしょに食《た》んみした」「昼間も、夜さりも」などの表現。

テレビのセリフで「つんだって」「あいそらしかった」「たんみした」「よさりも」と言っても、他の地方の人には分かりにくい。意味文字である漢字の挿入によって、そうした人たちも困難なく金沢弁に溶け込めるようになる。

方言の記録性という意味では、活字の持つ効果は大きい。それが明治の言文一致以降、文学が果たしてきた役割の一つでもあろう。「文は言を学ぶ」という側面も少なくないのである。

「私の作品は、全国の人に読んでもらうには方言が濃すぎると指摘されることがあります。しかし、それにこだわり続けることで文学の大切な部分が担えるのではないでしょうか」と井上さんは言う。

ネーミングに活用する動きも

野々市町に「ジックラート」というお好み焼店がある。この店名は金沢周辺で広く使われる方言でもある。

「焼き上がるまで、じっくらーと待ってほしい、という意味を込めたものです」と店長の山田真治さん。「じっくらーと」は、「じっくり」という副詞が変化したものであろう。平仮名では何となく間延びした感じになるが、カタカナにしたことで言葉の意味とは違う語感になる。

平成六年に、金沢市の市民芸術ホールで開催された「いしかわファッションウィーク」のテーマは「いんぎらぁ〜ファッション」になった。「いんぎらーと、という方言には精神的なゆとり、心の豊かさが込められている。パリやニューヨーク、東京発信ではない地方発信のファッションを意識した」と、いしかわファッション協会の平元昭常務理事は言う。こちらは、あえて平仮名表記でファッションとの組み合わせの妙を狙ったものだろう。

建物の名称や商品名、キャッチフレーズに方言を取り入れるケースが増えてきた。金沢市が職員から募集したキャッチフレーズは「いいね金沢」に決まったが、応募作の中で目立ったのは「あいそらシティ金沢」「きときと金沢」「まいどさん金沢」など、方言を取り入れた作品である。

「共通語や外来語などがはんらんする現在、インパクトを持つネーミングとなると、方言もアイデアの一つになりうる。地方の言葉だから当然、オリジナリティーもある」というのは選考委員の一人、バルデザイングループのディレクター五宝利男さん（47歳）。

こうした動きは九州や東北では早くからあった。九州では博覧会の愛称で「ヨカトピア」、お菓子では「チーズどん」「うめもんじゃ」、インスタントラーメンの「うまかっちゃん」、焼酎では「ほしゃどん（夜神楽を舞う人）」など数多く存在している。

CMコピーに携わる喜内プランニング代表の喜内章さん（42歳）は「日常言語という実

用性を離れたときに、方言が外に向けて何を発信するか。これは何？ と、思わせることで新たなコミュニケーションを引き出せる場合もある」と言う。

娯楽それとも遊び感覚？

「痛そうやな。ちょっと触ってもいいけ？」

「やめま！ いてえげんし」

「いじっかしい。何で触らせんなんげんて」

高校生を中心とした劇団「ZES」が金沢市内のホールで上演した「ヤンキーマジック」には、こうした普段着の金沢弁がふんだんに盛り込まれた。目標を見出せない若者が暴走族を結成し、金沢最強の暴走族に挑戦するというストーリーである。

脚本を書いた美川町（現白山市）の高校三年生、金子隼人さんは「笑いを取る場面は酔っぱらったオヤジのような調子にしたり、金沢弁のおもしろい部分をすくい上げた」と言う。

同劇団はこれまで四回の公演を重ねているが、セリフをすべて金沢弁にしたのは今回が初めて。「感情を伝えるには下手な標準語を使うより、はるかに効果的だった」というのが公演を終えての実感である。

若い世代の間で方言意識が変化してきた。この作品の金沢弁は、高校生が抱く金沢弁の印象を、より強調した形で舞台に生かそうという試みであり、共通語にはない方言の役割に着目したという。別の見方をすれば、日常会話が共通語化しているからこそ生まれた発想とも言える。

最近の方言の傾向を「娯楽としての方言」と特徴づけるのは東京外大の井上史雄教授（社会言語学）である。共通語化で若い世代には共通語をある程度使えるという余裕が生まれている。一方で、方言の価値評価はマイナスからプラスに転じたという社会背景も存在する。方言が楽しむ対象になってきたようだ。

金沢出身の大学生が実家に送ってきた「おばあちゃんへ」と題するファクス通信がある。「この前、ピザ作ってんよ。けっこう上手に作れたし、こんど金沢に帰ったら作ったげるし、待っとって」。こんな調子の金沢弁が続き、後半は福岡の友人が登場する。「この前、ピザ作ったっちゃけど、けっこう上手に作れたけん、こんど金沢に帰ったら作ったげるけん、待っときー」

金沢弁を博多弁に置き換えたものだが、このファクス通信は大学の地方出身者を参加させ、いわば方言の〝お国自慢〟的に使われているようだ。この場合の方言意識は遊び感覚にも似ている。方言で個性を主張しようという意識が働いているのかもしれない。

語り継ぐ心と文化

対談　木倉屋銈造さん・柄崎良子さん

木倉屋　ワシら同じ浅野川で育った縁や。産湯も浅野川の水やった。学校は味噌蔵と材木と、男と女で分かれとったけれども。

柄崎　木倉屋さんは私より一つお兄さんや。

木倉屋　若い時分のこと思うとォきれいなお店があっちこっちにございみしたわね。

柄崎　ほんで一番、金沢の繁華街やったさかいねえ、このへんな。

木倉屋　最近になって若い衆や、浅野川文化とか言うとるが、さかのぼって見るとォ、モノの流行の先端はいつでも浅野川やったもんや。

柄崎　ほんまやねえ。

木倉屋　思い出すこたー昔、新町にやくちゃむないダンスホールができたげちゃ。そのダンスホールが、どいやな、あすこ酒蔵やったがいね。昔からおる酒蔵に、土足であがってチータラッタでダンスしとった。

柄崎　ほで私ら、やっぱり時世やさかいに習いに行ったわね。スロー・スロー・クイック・クイック言うてね。

木倉屋　それにしてもォ、浅野川はつやつやして色っぽー流れとる気ィせんけ。

柄崎　やっぱり、おんな川やさかいかねェ。この川でね、泳ぎにいったりしたがや。ほして、木倉屋さんらとおうがや。あらーってなもんで。いま浅いけど昔は深かったがや。背の立たんほどあった。

木倉屋　ふつうの学生もごちゃまぜに泳いどったがや。魚も、おったおった。

柄崎　私ようね、ミミジャコすくいにいったわ。手ぬぐいの両端でね。そしていっぺん落ちてね、中の橋の下まで流されたことあった。

木倉屋　ミミジャコはウグイ

関西方言の流れ、今も根強く

日本語はフォッサマグナを境に東西対立していると言われ、金沢の特徴も多くは西に属する。断定の「ダ」（東）と「ヤ」（西）の対立では、「浅野川で育った縁ヤ」「浅野川の水ヤった」となり、「縁ダ」「水ダった」とは言わない。

打ち消しの「ナイ」と「ン」の対立では「背の立たンほど」であり、「立たナイ」にはならない。「イル」と「オル」でも、西の「オル」である。

沖縄を除く日本の方言を大別すると「東部方言」「西部方言」「九州方言」の三つになる。このうち「西部方言」はさらに「近畿」「中国」「四国」「雲伯」（出雲周辺）と「北陸」の五つに分けられる。

北陸方言はかつての日本の“標準語”であった近畿方言の流れをくんでおり、たとえば「繁華街やったサカイ」「時世やサカイ」などの「サカイ」は、東部の「カラ」に対応する代表的な近畿の特徴になっている。目を「目ェ」、気を「気ィ」と伸ばすのも関西の発音の特徴であり、単語でも「ほんま（本当）」などが存在している。東京の人が金沢弁を聞くと「関西的」と感じるのも、近畿方言の特徴が基盤になっているためで、これは若い世代の言葉にも反映されている。

のはるこや。メダカともちごうな。

柄崎　目ェの弱い人があれ飲んだもんやねえ。ほしたら目ェが明るうなる言うて。

木倉屋　あすこで飛び込みして鍛えたがァ、観音町の柴原ちゅう、あすこのオジマがおった。飛び込みの上手な子やった。そしてオリンピックの選手になったがや。

木倉屋　このごろ聞いてあきれるがァ、お茶屋さんにカラオケ置いてあるて。よもや、このウチ置いてなかろ。

柄崎　私ら因循《いんじゅん》なもんで、なーん昔のことばかし思てダメや。

木倉屋　ワシャいつも思うとらんやけども、宴会にいってお座敷が出るやろがいね。慎重に聞いとるお客さんちゅもんな、いまでぁおらんがになったねえ。昔は、どこのお子たちが宴席にきても、座がシャーンとしまったりね……。

柄崎　そうそう、いまでぁ宴会にいっても、お座敷みたいに舞台するもんはね、早めに出さなんだら。お酒がいってしもうたらザワザワーとなってしもう。

木倉屋　いやいや変わったと言えば、針の穴から天のぞくちゅうて、メリケン針持ってコツコツ縫うとったオヤジがァ、まあこりゃ若いもんのやるしごっちゃけどもォ、こないだも関西空港に店だしたがや。考えてみっと、おとろしい世界の舞台へ飛び出したもんじゃわいと。たかが袋物屋《ふくろもん》の職人しとったもんが。

柄崎　ほんとやねえ。たいへんやねえ。

木倉屋　これも若いもんやさかい、がんこな仕事できたがで、われわれにやれと言われても、生まれ変わってもこんなことできんわ。いつもかァも、メリケン針のケツ押してママ食うとったもんが。

柄崎　昔とすっかり変わってしもうてね。また、おにいちゃんは商売が上手でなかなか熱心な方や。

木倉屋　しいて教えたわけやないし。ま、何にしても、今あの館《やかた》に二所帯いっしょに住んどるがや。二所帯の生活ちゅうもんな、いざこざ起きそうなもんじゃけども、それが案外と円満にいっとる。

柄崎　めでたいことや、ほんとに。

木倉屋　めでたすぎて、いくつまで生きとろちゅう魂胆や。そこそこで、サイナラしていかんなんがと思うて。

柄崎　ほんなことない、ほんなことない。

木倉屋　十分にこっで、遊んできたさけに楽しみなこっちゃった。

柄崎　やっぱり百までおってもらわんにゃ。

木倉屋　いやー、ほんな欲の深い。バチャ当たるわ。

対談　大樋長左衛門さん・二代目杵屋六以満（現・喜澄）さん

大樋　戦後とくに標準語ちゅうか東京式になってきとるやろね。そうすっと、どうしても標準語に近くなってくるわね。

杵屋　ただ家庭でしゃべっとる時は、やっぱり生まれた時からの言葉やわね。

大樋　晴れの場所とかプレッシャーかかった場合は別として、平素の言葉ちゅうもんな、地方のなまりで会話しとる。ほやさけ、二通りの使い方しとらんやない？

杵屋　何気なくしゃべっとっても「どっか、はんなりしとるね」って言われます。あいさつする時でも、東京の方に聞かれると金沢弁が出るらしいけれども……。

大樋　私ゃサーッと出てしまうんや。ほいで興奮してくると、特にそんな感じですね。ほうかとゆうて、聞きやすい言葉で言わないかんちゅうこともあるわね。だって、講演会開くがに「おいや、そんながやちゃ」って言うとってもいかんわね。

杵屋　私は東京におった時、内弟子時代にね、金沢の人が上京してしゃべっとるとケンカしとる感じに聞こえてね。あら粗い言葉、私らこんな言葉使うとったのかしらって。最近「金沢弁って、やらかいね」と言う人おいでるさかい不思議やなと思います。

大樋　家族でタクシー乗るやろ、東京で。「おいね、ほいでな、ほんなんか」言うとると、運転手うしろ見て「台湾の方ですか」と聞かれたことある、二度も。

杵屋　そんなふうに早口で言うのが珍しいみたい。東京の先生がわざわざ「ほんながか、ほんながか」とまねして言うまさることもある……。

大樋　人くるやろ、そうすっと「入るまっし、入るまっし」と言う。あれでみんなびっくりする。強い命令口調のように思えるらしいわ。

杵屋　でも、きれいな言葉もあるわね。今朝《けさ》もね、道で知らないおばあちゃんが「きょうは何日でございみすけ」と聞かれた。「七日《なぬか》です」と答えると「あんやと」と行けたけど。ここは茶屋街もあるし、その影響もあるがでないかねえ。芸者衆がおけいこにおいでた時でも「お願いします」と言わんと「おたのもす」っておじぎしますよ。

大樋　言葉しゃべる時に職業意識みたいもんがあるわね。仮に新潟やったら新幹線が走っとるわね。東京に一時間半ぐらいで行けるやろ。昔の言葉もなくなっとるわいね。そして、芸能とか工芸美術とか下地がないわね。なけりゃ尚更《なおさら》、言葉も吹き飛んでしもとる。金沢の場合、そうした伝統的な職業が言葉を伝えとるかもしれんね。

杵屋　確かに、お三味線屋さんとか、茶屋街のおかみさんと話する時は昔ながらの金沢弁が多いわね。

大樋　何でも関連で成り立っとるとこなんや、ここは。関連作業で動いとると東京弁で言うわけにはいかんわいね。「ほうや、ほんながや」の方が分かりやすい。木箱屋さんでも、ウチ来らん「まいどさん、まいどさん」と決まっとる。子供でもね「まいどさんが来た」と……。

杵屋　あいさつで、だれがおいでたか分かります。まだ残っとるのは「そくさい(息災)」ちゅう言葉、元気ですかという場面で。「あら、おそくさいですけ」と、よう言うわね。久し振りにお会いすると「長いこって」とか。

大樋　ほや、言う人おるね。やっぱり言葉は女性が守ってきとらんやないかいね。男性は会社に勤めたり、人の前で話する時も多いわね。女性はこのごろ勤めとるけど、昔は守りですわ。ほうすっとね、守りのコミュニケーションで「そくさいかね」「おいね、うちのだんなも達者で」てなことになる。会社で課長が社長に「そくさいですか」なんて言わんやろ。やっぱり標準語に近なるでしょ。

杵屋　おばあちゃんが品のいいがにしゃべっておいでるとね、いいもんですよ。でも若い人の言葉は変わってきとるわね、若者語みたいのがあったり……。

大樋　そうかもしれん。

杵屋　うちのお弟子さんでね、「それ何とかでしょ」って聞くと、昔やったら「はい」

とか「そうですぅ」とか答えるわね。いま「ピンポーン」って言う。

大樋　それは合図かサインか……。若い人ァ、新語みたいもん作ってしゃべるさかい、何いうとるか分からんがある。そういう意味じゃ、いま過渡期やね。

あいさつ語や相づち語が豊富に

金沢には昔ながらのあいさつ言葉が数多く存在する。これも城下町の土壌がはぐくんだものであり、多様な職種の人たちが円滑な人間関係を保っていくうえで必然的に発達したと考えられる。

「まいどさん」は「こんにちは」という場面で使われるが、「まいどありがとう」の意味が隠されており、本来は商売用語だった。商家を中心に用いられた言葉が日常用語として定着したケースである。「そくさい（息災）」は相手の健康状態を気づかった言葉であり、「長いこって」は「長い」という言葉に「会いたかった」という思いを込める。こうした言葉は接客の現場や旧市街などで今も息づいている。さらに対談には出てこないが、「あんやと」「気の毒な」なども金沢を代表するあいさつ言葉である。

会話の中に「相づち言葉」が盛んに挿入されるのも金沢弁の特徴の一つである。「ほうや」「ほんながや」「ほや」「おいね」は、相手の話題に共感したり、新鮮に受け止めたりすることで会話を豊かにしている。「そうけ」「ほやとこと」なども含め、それぞれ受け止める意味合いが微妙に異なっており、これらの言葉の豊富さも多様な人間関係と結びつけて考えることが可能である。

対談　丹羽俊夫さん・志津子さん（妻）

俊夫　ワシのしゃべり方って、どんながに思うィや。普通やろ？

志津子　昔から言うことはジジくさかったわね。「武士道とは死ぬことと見つけたり」って言うたり……。

俊夫　美術館で作品解説する時も「ほんなげ。そこのオババ言うたが、ほの通りや」「ほんながで、これ描いとんげ」ってなれん。この方が聞いとる人も興味わくがんない？

志津子　普通の人は気ィ張って標準語に近《ちこ》なるんやけどね。ほで学校でも、ああいう方言まじりで……。

俊夫　学校でしゃべる時もウチと変わらんげ。「ダラァくさーん、お前何しとるげ。ちょっとこっち来《こ》ー」「当ったる前やがいや」と、こうなるげちゃ。ワシが標準語で「君たちはね、こうしなさいよ、すべった転んだ」て言うたら、さぶーなっりゃろいね。

志津子　お父さんの金沢弁は独自のもんやわ。

俊夫　ほんなげ。オババ昔、自分のこと「ウラら」て言うとったやろ。ワシ、近所のオババの「ウラら、ウラら」の世界で育ってきたわっきゃ。

志津子　お父さんは中学の時から、とっしょり(年寄り)の碁とか将棋の相手とか、とっしょりにモテたわね。
俊夫　小学校の時からオジジ、オババとのつっきゃい（付き合い）多いげ。気ィおうたげ。友達のウチいったら、そいつと遊ばんと、そこのオジジと遊んどった。
志津子　それがものすごい影響しとれんねえ。いっくら何でも、古い言葉よう知っとり

土地のにおい残す個性的な文末詞

かつて金沢弁の特徴を端的に表した言い方として「加賀ガヤガヤ」があった。「……しとるガヤ」「ないガヤ」など、語尾に「ガヤ」を多用したからである。しかし、戦後生まれの会話では「ガヤ」は減り、「ゲ(ー)」が目立ってくる。

対談でも「ほんなゲ」「これ書いとんゲ」「何しとるゲ」など頻繁に登場している。「ガヤ」が音声変化を起こしたとみられる。若い世代では「しとるゲン」のような「ゲン」が主流になっている点を考えると、「ゲ(ー)」は「ガヤ」から「ゲン」という変化の中間に位置づけられる。

対談の中では、妻の発言で「けったくそ悪いゲンて」という部分があるが、一般的に「ゲン」は女性の方が多用する傾向にある。「ゲ」という濁音だけでは響きがよくないため、共通語の「の」にあたる「ン」を加えて音を和らげたようである。

一方、「これ描いとんげ、てなれん」「影響しとれん」などの文末は「なる＋ゲン」「しとる＋ゲン」が変化したものであり、「ゲン」が隠れている。

こうした文末詞は話し手の感情が込められる部分であり、方言がどんどん共通語化する中でも、比較的よく残って土地のにおいを残している。伝統的な「ガヤ」は共通語化せず、その特徴を基盤として独自の変化を遂げているのである。

すぎる。

俊夫　七十、八十のオジジ、オババの講演会に行くやろ。ものすごい喜んで聞くね。同世代やと感じるらしいわ。高砂大学もそうやった。

志津子　カッコつけた言葉言うが、けったくそ悪いげんて、お父さんは。どっちかと言うと硬派やしね。

俊夫　ワシ高校ン時から大将て呼ばれとったげ。青大将やないぞ。若大将や。

志津子　若大将ちゅうたら加山雄三でしょ。軟派系はちょっとダメやわね。

俊夫　ワシャどこ行っても、このしゃべり方は変わらん。ただ天皇陛下におうときゃ金沢弁使わんよ、絶対に。

志津子　二人で東京いった時おもしかったね。次、どの電車に乗るんかねちゅうて、上の方みてたら「どこの国からいらっしゃいましたか」と英語で聞かれた時あったわね。

俊夫　外国人と間違えられたんや。「ダラなこと言うなまんや」て言うたけど、まだ分かっとらん……。

志津子　お父さん昔からカッコつけるがにテレあるわね。高校時代、ワラジ履いてズボンにツギいっぱい当てて、ベルトはわら縄で、ほいでお尻に手拭いぶら下げて街歩いとったでしょ、わざと。

俊夫　「質素にしろ」て先生に言われたら「ほうか、ほんなら質素にしたっかいや」となったわっきゃ。

志津子　みんなと同じのが、やっぱりヤーがかね。目立ちたがりなんかねえ。

俊夫　きのおォ、貴志乃（長女）から電話あったやろ。金沢弁で「お父さん元気けー」ってやってくれん。ワシャびっくりしたわ。あれ防衛大学（神奈川県）いってェ、ほんで何やら、いろんながとおうて話しとる。標準語使うとってもおかしないやろ。

志津子　なーん。貴志乃にしてもォ、お父さんに対して、ほんな関東の言葉いうてもダメやと思うとれんわ。

俊夫　「お父さん、風邪ひいとんがとちごがー」て言うとった。まんで妹に言わしゃ標準語使て「だってさー」と言うとるヤツが。ほんでワシとしゃべっときゃ「元気けー」になれんて。

志津子　「お父さん、おっけー」ちゅうて電話代わるでしょ。お父さんの金沢弁きいたら気ィ楽になるんやわ。

俊夫　ワシに標準語でしゃべったら「ダラァくさーん」て言われっさけな。ワシの大学時代（金沢美大）の同級生はみーんな金沢弁になって卒業していったげて。京都帰ったりして「ほんながか」「ちごわいや」と使《つこ》とんげて。ほんながが、いっぱいおった。

志津子　短大の子たちも影響受けとるやろね。

俊夫　ワシの短大に南米からきとる人おるやろ。

志津子　アラニバル君のこと？

俊夫　南米の美術学校の先生で日本語習いにきとんげけど……。南米で金沢弁広げてもろたらいいなあと思うとる。

言語良識が方言を取捨選択

平山　輝男

三十年ほど前に金沢の方言を調査したが、そのころは「あかん」「けったい」「しんきくさい」「しんどい」などもみられ、基本的には関西の色が濃いという印象だった。

その一方で、「しみる」「ねまる」「おじ」など東北方言と共通する特徴も少なからずあり、方言の中間地帯に位置する金沢ならではの特徴を示していた。かつては富山・新潟県境の親不知《おやしらず》が言葉の伝播を阻む地形的障害になっていたが、海上交通などを通して東北との接点もあったようだ。

ただし、中間地帯だからといって、あいまいなものではない。金沢方言は一つのまとまりを持っており、ガッチリとした方言文化を形成してきたとも言える。「りくつな」「気の毒な」「かたい」「ひねくらしい」「わらびしい」「じまんらしい」「だら」などは関西や関東とは相いれない方言である。

これらは金沢の住民が支持し、生活の中ではぐくんできたものである。言語は地域の大衆が支持するものであり、大衆の支持があって初めて方言文化が成り立つ。

共通語はコミュニケーションのために人工的に造られたものであり、完全ではない。方言は地域文化の象徴であり、生活語として発達してきた。だから、その地域で特色のすぐれた言葉があれば、共通語として取り入れ、共通語を磨き上げていくことが必要だ。

たとえば東北の「めんこい」は共通語の「かわいい」にない味わいがある。関西の「しんどい」も気分をピタリと言い表した表現であり、いずれは共通語になるかもしれない。共通語だけでは物足りない、と多くの人がそう思えば共通語になりうるし、それは大衆の言語良識によって支持されるものだ。

金沢などにも存在する「メロ」という言葉、言語良識によって望ましいと思わなかったから使用頻度が減ってきた。女性を卑下した言葉だからであろう。逆に望ましいと思えば生命が宿る。金沢方言の代表的な「まっし」は声には出さないが、多くの人がいいと感じている。望ましいと思う人が多くなれば、その地域の共通語になりうる。

新しく生まれる言葉も含め、金沢の方言が線香花火のように消えていくか、それとも生命を保つかは、住民の言語良識が判断してくれるだろう。

〔略歴〕ひらやま・てるお　明治42年、鹿児島県生まれ。国学院大卒。現代日本語方言大辞典・編集委員代表。同辞典は昭和49年から平成3年までの17年間にわたり、全国都道府県の方言を調査して約20万語を収録したもので、自らも全国各地を歩いて詳細な調査を進めた。東京都立大名誉教授。文化功労者。平成17年8月死去。

東西に属さないアクセント

上野　善道

金沢方言は単語や文法などの面から見ると関西方言を基盤にしているが、アクセントをみた場合、いろいろな要素が絡み合って一つの枠ではくくれない側面がある。

金沢大在任中から十年以上にわたって金沢の市川初枝さん（明治四十五年生まれ）からアクセントの聞き取り調査を進めてきた。前が高くなったり、後ろが高くなったり、平板的であるといったアクセントの区別をみると、二字の単語では東京が三種類あるのに対し、大阪、京都では四種類になっている。金沢は三種類であり、その点では東京と同じだということが分かった。

ところが、そのアクセントにあてはまる単語をみていくと、東京と同じものもあるが、一方で関西的なものも多い。たとえば「ヤマ（山）」「イロ（色）」「カワ（川）」などは東京と同じく二拍目に高いアクセントがあるが、「イヌ（犬）」「カギ（鍵）」「カミ（紙）」などは一拍目にアクセントがあり、こちらは関西的である。

さらに東や西とも異なるものもある。「カゼ（風）」「サケ（酒）」「ニワ（庭）」「ウシ（牛）」などの単語は、東京、大阪あたりでは平板的で、どこにもアクセントがないのに対し、金沢でははっきり二拍目にアクセントがある。東西の中間的な要素を帯びながらも、単純にあいのこではないところに複雑な一面がある。どちらにも属さない独自のアクセントとして貴重な存在である。

ところで、一般に方言が共通語化する場合、単語や文法が早く変わり、アクセントは最も変わりにくいというのが通説である。しかし、テレビなどの影響でその状況も変わりつつある。

たとえば、地名には地元の人が言う場合は平板的になるものが多いが、「トヤマ（富山）」「ナゴヤ（名古屋）」などは、テレビで流れる「トヤマ」「ナゴヤ」のように一拍目が高くなる発音が地元でも増えつつあるという。「金沢」の地名もテレビの影響で従来とは違うアクセントになっているとの指摘もある。地名というのは一つの例ではあるが、アクセントの変化にテレビが大きく関与していることは間違いない。

もっとも、「イヌ」や「カミ」がなかなか「イヌ」「カミ」になりにくいように、金沢の若い世代が話す共通語も、現段階では金沢アクセントを含んだ共通語が多い。金沢アクセントには共通語の枠にはどうしても当てはまりにくいタイプが存在しており、その意味では今後も金沢の地方色を残すものとして大きな役割を果たしていくと思われる。

〔略歴〕うわの・ぜんどう　昭和21年、岩手県生まれ。東京大大学院修了。昭和51年に金沢大法文学部講師、54年に同助教授。57年に東京大文学部助教授となり、平成6年に同教授、7年から同大学院教授。金沢大着任時から金沢方言のアクセントを研究し、歴史的変化も含めて体系化した。

「ネオ方言」で地域の独自性を

真田　信治

方言は伝統的な形を崩し、テレビから流れるような、いわゆる東京語との接触によって新しいスタイルを生み出している。それを、私は「ネオ方言」と呼んでいる。

たとえば金沢も含めて「行かない」「行かなかった」を「行かん」「行かなんだ」という地域で、若い人が「行かなんだ」ではなく「行かんかった」と言い始めている。これは東京の「行かなかった」の「かった」を取り込んだ変化だ。

この連載のタイトル「頑張りまっし」も、かつては「頑張るまっし」という形だけで使われていたけれども、東京語に影響され、すなわち「頑張りなさい」に干渉されて「頑張りまっし」という形が出てきた。「頑張りまっし」という言い方は東京にはないわけだから、「まっし」とつけること自体、金沢の人が独自性を出そうとする意思が働いたとみることができる。

過去に回帰するのではなく、かといって東京語に変わるわけでもない。東京べったりでもないし、伝統的でもない。こうした動きがこれからも続いていくと思う。

東日本に「ネオ方言」が少ないのは、改まった場面はぜんぶ東京弁に切り換えることが多いからだ。だから、中間を出すというのは地域が持つエネルギーの強さの証明にもなる。

金沢が方言の一つの核になるにはこうした「ネオ方言」と、もう一つは、金沢なりの標準語を持つことだと思う。標準語が全国まったく地域差がないというのは間違いであって、標準語の中にも地域差がある。標準語というのは個人あるいは地域の中にあると考えた方がいい。改まった場面では個人個人が方言とは違った言葉を使っているはずだ。それは東京の標準語ではなく、金沢弁のなまりを含んだ標準語である。そういうものを持てば地域の独自性も出てくる。

金沢でもみられる「おいでる」もそうだが、その地域なりに丁寧な言い方を持っているというのは強みだ。東日本には敬語自体が少ないが、そうなると東京語がすぐ入り込んでしまう。だから方言として敬語を持っている地域は、ある意味でそれが地域の標準語になる可能性がある。

北陸を見渡した場合、富山は東京を向いているし、福井は当然、関西に近い。その中間にある金沢がなかなか見えてこない。金沢がどっちかに向くのか、あるいはどっちでもないという独自性を発揮していくのか、金沢方言は今まさに岐路に差し掛かっていると思う。

〔略歴〕さなだ・しんじ　昭和21年、富山県生まれ。東北大大学院修了。国立国語研究所言語変化研究部を経て大阪大文学部助教授、平成5年に同教授。11年からは同大学院教授。社会文化と結びつけて言葉の現象を探る社会言語学を専門とし、北陸の方言についても、さまざまな角度から研究している。

「精神の文化財」という視点で

島田　昌彦

私は昭和四十八年に金沢に着任した「遠所《えんじょ》もん」だが、金沢ことばは新しい発見の連続だった。金沢の表現でいえば「りくつな言葉」が多いのである。

共通語では通学区域とか、その省略形の「学区」に相当する地域を、ここでは「校下」という。そして「泉野校下」「野町校下」などと小学校の名の下に接続させて使用する。学区が、いわゆるお上の行政面からの言葉なのに対し、「校下」は子供たちが常日ごろお世話になっている学校のもとにあるという親愛の感情を込めた民衆の表現である。

金沢の人は使うのが当たり前になっているが、「まぜる」だってそうだ。普通、友達になることを共通語では「仲間に入れる」と表現し、決して「仲間にまぜる」とは言わない。気に食わなかったら「仲間から出す」である。金沢などで使う「仲間にまぜる」は反対語が存在せず、一度仲間の一員になったら出さないという語感を持っている。

また金沢の女性がよく使う「気の毒な」は、話し手の相手に対する働き掛けによって生じた面倒に、ともに心を痛めたもので「主客一体化」の言葉である。共通語の「気の毒に」

は、完全に話し手とは別領域の相手の苦痛や難儀についての同情で、語尾の「な」と「に」の違いだけで異なる感情の世界を生み出している。もちろん金沢ことばの方が優しい生活感情を備えていることは疑いない。

「おいであそばせ」や、相手の話の内容に共感する「ほやほや」なんかも本当にいいと思う。

島崎藤村は「ふるさと」のアイデンティティー（資質）を「血につながるふるさと」「心につながるふるさと」「言葉につながるふるさと」という三つの観点から把握している。これらは血縁、風土、方言と言い換えてもよい。このように方言は、そこに生きる人々の精神そのものであり、精神の文化財として誇りにし大切にすることから、金沢の風土に根ざした新しい言葉の文化につながっていくと思う。

物事は常に「形式」と、それを支える「精神」をもって存在するが、味わい深い金沢言葉がなくなることは、藩政以来四百年の長きにわたってはぐくんできた細やかな生活感情が消滅することを意味する。逆に京ことばや難波ことばと同様、金沢ことばの生活圏が確立されれば、金沢はこれまでと同様、独自の地位を保てるだろう。

〔略歴〕しまだ・まさひこ　昭和7年、東京都生まれ。東京教育大（現・筑波大）大学院修了。

文化庁国語課、国語審議会担当官を経て昭和48年金沢大講師。49年同助教授、54年から平成10年まで同教授。現在は同名誉教授。金沢市史（現代編）に「金沢のことば」を執筆するとともに、市主催の「美しい金沢言葉普及事業」の取りまとめ役を務めた。

「地方共通語」の役割を担う

加藤　和夫

大学で金沢出身の学生同士の会話を聞いていると、方言が共通語化している時代と言われながらも、打ち解けた場面ではまだまだ方言は健在だと感じることが多い。もちろん、そこで使われている金沢方言は年配の人たちが使っているものとは大きくスタイルを変えているが、その一方で伝統的な方言の特徴が多くみられることもまた事実である。そこには生き生きとした新しい金沢方言の姿がある。

年配の一部の人から「最近の若い人の使う金沢弁は間違っている」「正しい金沢弁を使うべきだ」との意見が聞かれるようだが、書き言葉中心で規範性の強い共通語に比べ、方言というのは規範性から離れた話し言葉、とくに音声中心の世界である。そこでは、これまでもそうだったように、時代とともに言葉が変化するのはごく自然な成り行きであり、方言の世界で「正しい〜弁」などといった言い方はできないというのが私の考え方である。

金沢へ来て四年ほどになるが、これまで身近で観察してきた金沢方言や、調査した加賀地方のいくつかの方言の変化の実態から、金沢方言を特徴づける一つの事実が指摘できる。それは、金沢方言が石川県の共通語として大きな活力を持っているという点である。

金沢方言には今なお方言独自の変化として新しい形が生まれている。「雨降っとるガヤ」の「ガヤ」から変化したと思われる「ゲン」は「雨降っとるゲンよ」といった形で、若い世代の金沢弁の代表的特徴になり、さらに北陸独特の「うねり音調」にかぶさるように生まれたと思われる「あのーンネ、それでーンネ」といった、うねるような調子も若い世代で盛んに聞かれる。

そして、金沢の周辺部には「地方共通語」として、そうした新しい金沢弁が少しずつ影響を与えている。白山麓《ろく》の白峰方言においても、世代が若くなるにつれて方言の共通語化がみられる一方で金沢方言化の動きも確実にみられる。

マスメディアの発達などによって、これからの地域社会の言語状況は共通語と方言を軸としてますます複雑化していくだろう。金沢で生活する人たちが共通語や方言をどのようなものと意識し、場面や目的に応じてそれらをどのように使い分けていこうとするのか、といった意識の問題が、金沢方言の将来と深くかかわっているように思われる。現在進めている金沢弁の意識調査で、そのあたりのことが少しでも明らかにできればと思っている。

〔略歴〕かとう・かずお　昭和29年、福井県生まれ。東京都立大大学院修了。和洋女子短大助教授を経て平成3年、金沢大助教授、14年から同教授。日本方言研究会幹事、国立国語研究所地方研究員、日本語学会編集委員などを歴任。北陸方言を中心とした日本語諸方言の研究を専門とし、石川県内でも白峰、小松、川北、辰口、珠洲、輪島などで調査を進めている。

索　引

【あ】

あいそらしい（愛想がよい）…30, 252
あぐちかく（あぐらをかく）……240
あじち（分家）……238
あせくらしい（慌ただしい、忙しい）……32, 83
あそばせ……141
あだける（ふざける、騒ぐ）…33, 196
あたる（もらえる）………27, 110, 116
あてがい（いい加減）……31
あのぉんねぇ（あのね）………39, 215
あらみち（だれも踏みしめていない雪道）……71
あんか（長男）………28, 143, 197, 204
あんかま（同）……28, 197, 204
あんさま（同）……28, 205
あんやと（ありがとう）……25, 65, 143, 175

【い】

行かんかった（行かなかった）……175, 282
行くました（行かれた）……156
行けた（同）……90, 269
いさどい（態度が大きい、立派な）……31, 228
いじくらしい（うるさい）……31, 214, 230
いじっかしい（同）……10, 31, 50, 214
いしな（石）……147
いちがいもん（がんこな人）………31
一題目（歌の一番目）……112
いなりうどん（きつねうどん）…129
いものこ（さといも）……125
いんぎらーと（ゆったりとした）……33, 85, 258

【う】

うぇー……26, 42, 43, 175
うざくらしい（いやらしい、めんどうな、気に入らない）……31, 206
うちる（おちる）……70
うつぶらいかく（正座する）……240
うまそい（太い、立派な）…27, 42, 96
うまそーな（同）……27, 220
うら（私）……238, 272

【え】

えとぉんねぇ（えとね）……216
えびす（寒天を煮とかし、卵をまぜて固めたもの）……126
えんじょもん（遠方の人物）……284
えんぞ（みぞ、下水）……87

【お】

お上がりあそばせ（お入りください、お召し上がりください）………141
おあんさん（だんなさん、にいさん）……28, 137

おいだすばせ(いらっしゃいませ)
……………………………………142
おいであそばせ(同) ……………285
おいでます(その場にいるの意味)
…………………………88,90,110
おいね(そーだ) ………………24,91
おいや(同) ……………………24,91
おーどな(おおげさな、おおざっぱ)
……………………………31,172
おくもじ(漬け菜)……………29,171
おじ(次男)………………28,204,277
おじま(同)……………………28,204
おしずかに(お気をつけて) ……140
おぞけがたつ(悪寒を感じる、気味が悪い) ……………………32,237
おつけ(みそ汁)…………29,154,205
おっちゃんする(座る)………33,243
おてま(子供にやる駄賃) ………200
おととい(一昨日) ………………178
おとろしい(おそろしい)……32,176
おはしをお取りあそばせ(お召し上がりください)…………………142
おぼくさん(仏前に供えるごはん)
……………………………………150
おぼけさん(同) …………………150
おもや(本家) ……………………238
尾山(金沢) ………………………237
おゆるっしゅ(よろしく)25,155,228
おる(いる) ………………………178
おんぼらーと(ゆっくりと、たくさん) ……………………33,83,85

【か】

が ……………………145,193,194,214
かがかが(目が輝く様子)……27,237
かきやま(かきもち、あられ)
…………………………………29,114
かざ(におい) ……………………229
かさだかな(大げさな)………32,228
かたい(子供の行儀がよい、おとなしい) 30,42,94,110,154,202,277
かたがる(かたむく)……27,110,116
かったーしゃつ(ワイシャツ) …179
かってくる(借りてくる)……27,234
がっぱになる(一生懸命になる)
…………………………33,111,198
かなしい(恥ずかしい) …………222
がや ………………181,214,273,287
がん ………………………………213

【き】

きかん(気の強い、しっかりした)
…………………………………31,50
汽車(電車) ………………………239
きときと(新鮮で、いきの良いさま)
…………………………27,120,258
きのどくな(ありがとう、恐縮です)
……………13,27,49,162,228,277
ぎゃわず(かえる) ………………185
きんかんなまなま(道が凍ってツルツルになった状態)…………24,68

【く】

くどい(塩辛い)
………………29, 106, 179, 186, 188
くにゃら(魚のゲンゲンボー)
……………………………29, 123
くゎいしゃ(会社) ………………247
くゎじ(火事) ……………………247
くゎんのん(観音) ………………247

【け】

け ………………………………108
げ ………………………………273
げすびた(尻) ……………………238
げっと(最後)…………………32, 208
げっとくそ(同) …………………208
けなるい(うらやましい) ………154
げべ(最後)……………………32, 207
げべた(同)……………………32, 208
げん ………37, 65, 213, 214, 273, 287
けんけん(鉛筆の先のとがった状態)
………………………………115
げんぞらしい(わざとらしい)
……………………………31, 206

【こ】

校下(学区)……………………99, 110
こーしゃな(利口な) …………30, 95
こーた(買った) …………………178
こうばく(雌のズワイガニ、子供の利口なさま) ………………29, 124
こうばこ(雌のズワイガニ)…29, 124
ごきみっつぁんな(ご丁寧な、ありがとう) ……………………25, 228
こけ(きのこ)…………………27, 127
ごせっかくな(精を出しになって)
……………………………25, 238
こそがしい(くすぐったい)…23, 110
こそばい(同) ……………………110
こそばしい(同) …………………110
ごたむく(理屈を言う、文句を言う)
………………………33, 155, 160
こちょがしい(くすぐったい) …110
こっで(これで) ……………147, 176
こっぱおじ(男兄弟の末っ子)
……………………………28, 204
ごっぽ(下駄の歯の間に挟まった雪のかたまり)…………………24, 72
ごぼる(雪にはまる)…18, 24, 70, 110
こわす(両替する)……………27, 116
ごんぼ(ゴボウ) …………………205

【さ】

～さかい(～だから)
……………176, 184, 188, 214, 265
～さけ(同)………………26, 176, 184

【し】

じー ……23, 26, 41, 42, 162, 190, 215
じぇーきん(税金) ………………248
しぇんしぇー(先生) ……………247
しおくどい(塩辛い) ……………106
じっくらーと(じっくりと)…33, 257
しなしなーと(ゆっくりと、のんびりと) ………………………33, 157

しみる(凍る) ……………………277
じまんらしい(生意気な、偉そうな)
……………………………31,277
じゃあま(妻) …………………28,82
じゃまない(大丈夫)…………33,116
しょっぱん(食パン)…………29,116
しょむない(味がうすい)……29,107
しろーなる(白くなる) …………178
しんばり(しもやけ)…………24,238

【す】

すい(酸っぱい)………………29,178
すいくゎ(スイカ) ………………247
すーすーする(悪寒がする) ……237

【せ】

せわしない(忙しい、慌ただしい)
……………………………32,207,243
せんなん(しなければならない)
……………………………26,161

【そ】

添い合い(夫、妻、配偶者) …28,81
そうけ(そうですか) …………24,91
そくさい(元気) ……………229,270

【た】

たーた(お嬢さん)……………28,204
たーんと(たくさん) ……………157
だいばら(たいへん)……32,197,254
だえー(だるい、疲れた) ……32,53
たけっぽっぽ(雪上を滑る竹製のはきもの)…………………………24,69
たけぼこり(同) ………………24,69
たけぼっこり(同) ……………24,69
たこーらと(高く)…………………85
だちゃかん(ダメ)………32,134,174
たっだ(ただ)………………………37
だっちゃかん(ダメ) ……………174
だやい(疲れた) ………………32,53
だら(バカ)
31,45,47,48,65,168,193,242,277
だらくさい(ばかばかしい、くだらない) ………………………16,169
だらぶち(バカ)………10,47,65,169
だらま(同)…………………48,169
たるき(ツララ)……………73,183
たろき(同)…………………………74
だんだ(ふろ) ……………………245
たんたるき(ツララ)………………74
たんち(子供) …………164,186,204
だんない(大丈夫)………33,143,174

【ち】

ちーたらった(シーソー) ………246
ちごー(ちがう) …………………111
ちみる(つねる)………………33,244
ちゃがちゃが(めちゃくちゃ)
……………………………27,236
ちゃっちゃ(ふろ) ………………245
ちょうはい(嫁の里帰り) ………170
ちょっこし(少し) ………………143
ちんと(動かずにいるさま)…27,243

【つ】

つばき(つば) ……………………203

つらにくい(憎たらしい) ………196
つんだって(連れ立って) ………256

【て】

停車場(駅) ………………………239
てきない(疲れた)……………32, 185

【と】

どくしょな(薄情な)……31, 156, 172
とっぺ(とうふ) …………………246
どぶす(みぞ、下水)……………86
どぼす(同)…………………………87

【な】

なーん(いいえ、別に) …24, 92, 181
なーむ(同) ……………………24, 93
なーんも(同) …………………24, 93
長いこって(お久し振りですね)
………………………25, 139, 270
なごなる(体を伸ばして横になる)
……………………………33, 239
なじみ添い(恋愛結婚) ………28, 82
なすび(なす)……………29, 178, 203
なも(いいえ、別に) …………24, 93
なんなさん(仏壇、仏さま、月)
…………………………………151

【に】

にさ(偽りの情報) ………………152
にゃーにゃ(娘さん、奥さん) …204

【ね】

ねまる(座る)…33, 149, 199, 240, 277

【は】

ばーこ(服) ………………………245
はかいく(はかどる)…………27, 198
はがいしー(歯がゆい、もどかしい)
………………………11, 32, 36, 206
はがやしい(同)……………………36
ばくちこき(カワハギ) …………122
はげー(歯がゆい、もどかしい)
……………………………32, 37
ばっかいならん(どうしようもない、
手に負えない) ……………32, 155
はつめいな(利口な) …………30, 95
はべん(かまぼこ)……………29, 126
はや ………………………………241
はよーらと(早く)…………………85
ばら(大変)……………………32, 197
はんげー(歯がゆい、もどかしい)
…………………………………36
はんちゃぼ(中途半端) …………229

【ひ】

ひねくらしい(大人びた)……31, 277
百間堀のあられ(水っぽいおかゆ、
中身がない) ………………29, 159
ひろず(ガンモドキ)…………29, 132

【ふ】

ぶー(お湯) ………………………245

【へ】

へいろくな(こっけいな) ………138
べやさ(お手伝いさん) …………143

べろべろ(寒天を煮とかし、卵をまぜて固めたもの)…………29,126

【ほ】

ほーちゃ(包丁)……………………134
ほーや(そうだ)………………24,91
ほっこりせん(感心しない)……157
ぼぶら(カボチャ)………29,158,188
ほやとこと(そうですとも)…24,91
ほんこさん(報恩講)…………85,150
ほんでぇんねぇ(それでね)……216

【ま】

まーそい(太い、立派な)……27,96
まいどさん(こんにちは)
………………25,134,146,258,270
〜まさる(〜なさる)……26,90,269
まぜる(仲間に入れる)………27,284
〜まっし(〜なさい)
…………………26,54,60,61,63,65
189,214,278,282
ままのうまい(気がいい、調子もの)
………………………………31,98

【み】

みいでら(ガンモドキ)………29,131
〜みす(〜ます)……………………64

【む】

むたむた(散らかった様子)…27,235

【め】

めろ(女)…………………………278
めとにする(バカにする)
…………………………31,228,229

【も】

もみじこ(着色したスケソウダラの卵)…………………………………114

【や】

やくちゃもない(とんでもない)
……………………32,175,254,264
やっきねー(やる気がない)………52
やわやわと(ゆっくりと、落ち着いて)…………………………33,237

【よ】

よこねまり(足を横に出して座る、楽に座る様子)……………33,199
よさり(夜)………………………256

【ら】

らくまつ(いい加減な人、楽天家)
…………………………………………31

【り】

りくつな(たくみな)
…………………16,17,30,78,277

【わ】

わらびしい(子供っぽい)……31,277
わりゃくさん(きさま、おまえ)
………………………………31,136
わやく(冗談)……………………220

新 頑張りまっし金沢ことば

二〇〇五年十一月　一日　第一版第一刷
二〇〇九年十一月　一日　第一版第三刷

監　修　加藤　和夫（金沢大学教授）

発行所　北國新聞社
〒九二〇―八五八八
金沢市南町二―一
電話〇七六―二六〇―三五八七（出版局）
ファクス〇七六―二六〇―三四二三
Eメール　syuppan@hokkoku.co.jp

ISBN978-4-8330-1441-0